하나님 말씀과 기도로
거룩하여 짐이라
(딤전 4:5)

맥체인 성경 읽기표

1월

일차	날짜	가정		개인	
1	1/1	창 1	마 1	스 1	행 1
2	2	창 2	마 2	스 2	행 2
3	3	창 3	마 3	스 3	행 3
4	4	창 4	마 4	스 4	행 4
5	5	창 5	마 5	스 5	행 5
6	6	창 6	마 6	스 6	행 6
7	7	창 7	마 7	스 7	행 7
8	8	창 8	마 8	스 8	행 8
9	9	창9·10	마 9	스 9	행 9
10	10	창11	마10	스10	행10
11	11	창12	마11	느 1	행11
12	12	창13	마12	느 2	행12
13	13	창14	마13	느 3	행13
14	14	창15	마14	느 4	행14
15	15	창16	마15	느 5	행15
16	16	창17	마16	느 6	행16
17	17	창18	마17	느 7	행17
18	18	창19	마18	느 8	행18
19	19	창20	마19	느 9	행19
20	20	창21	마20	느10	행20
21	21	창22	마21	느11	행21
22	22	창23	마22	느12	행22
23	23	창24	마23	느13	행23
24	24	창25	마24	에 1	행24
25	25	창26	마25	에 2	행25
26	26	창27	마26	에 3	행26
27	27	창28	마27	에 4	행27
28	28	창29	마28	에 5	행28
29	29	창30	막 1	에 6	롬 1
30	30	창31	막 2	에 7	롬 2
31	31	창32	막 3	에 8	롬 3

2월

일차	날짜	가정		개인	
32	2/1	창33	막 4	에9·10	롬 4
33	2	창34	막 5	욥 1	롬 5
34	3	창35·36	막 6	욥 2	롬 6
35	4	창37	막 7	욥 3	롬 7
36	5	창38	막 8	욥 4	롬 8
37	6	창39	막 9	욥 5	롬 9
38	7	창40	막10	욥 6	롬10
39	8	창41	막11	욥 7	롬11
40	9	창42	막12	욥 8	롬12
41	10	창43	막13	욥 9	롬13
42	11	창44	막14	욥10	롬14
43	12	창45	막15	욥11	롬15
44	13	창46	막16	욥12	롬16
45	14	창47	눅1:1~38	욥13	고전1
46	15	창48	눅1:39~80	욥14	고전2
47	16	창49	눅 2	욥15	고전3
48	17	창50	눅 3	욥16·17	고전4
49	18	출 1	눅 4	욥18	고전5
50	19	출 2	눅 5	욥19	고전6
51	20	출 3	눅 6	욥20	고전7
52	21	출 4	눅 7	욥21	고전8
53	22	출 5	눅 8	욥22	고전9
54	23	출 6	눅 9	욥23	고전10
55	24	출 7	눅10	욥24	고전11
56	25	출 8	눅11	욥25·26	고전12
57	26	출 9	눅12	욥27	고전13
58	27	출10	눅13	욥28	고전14
59	28	출11·12:1~21	눅14	욥29	고전15

3월

일차	날짜	가정		개인	
60	3/1	출12:22~51	눅15	욥30	고전16
61	2	출13	눅16	욥31	고후 1
62	3	출14	눅17	욥32	고후 2
63	4	출15	눅18	욥33	고후 3
64	5	출16	눅19	욥34	고후 4
65	6	출17	눅20	욥35	고후 5
66	7	출18	눅21	욥36	고후 6
67	8	출19	눅22	욥37	고후 7
68	9	출20	눅23	욥38	고후 8
69	10	출21	눅24	욥39	고후 9
70	11	출22	요 1	욥40	고후10
71	12	출23	요 2	욥41	고후11
72	13	출24	요 3	욥42	고후12
73	14	출25	요 4	잠 1	고후13
74	15	출26	요 5	잠 2	갈 1
75	16	출27	요 6	잠 3	갈 2
76	17	출28	요 7	잠 4	갈 3
77	18	출29	요 8	잠 5	갈 4
78	19	출30	요 9	잠 6	갈 5
79	20	출31	요10	잠 7	갈 6
80	21	출32	요11	잠 8	엡 1
81	22	출33	요12	잠 9	엡 2
82	23	출34	요13	잠10	엡 3
83	24	출35	요14	잠11	엡 4
84	25	출36	요15	잠12	엡 5
85	26	출37	요16	잠13	엡 6
86	27	출38	요17	잠14	빌 1
87	28	출39	요18	잠15	빌 2
88	29	출40	요19	잠16	빌 3
89	30	레 1	요20	잠17	빌 4
90	31	레2·3	요21	잠18	골 1

4월

일차	날짜	가정		개인	
91	4/1	레 4	시1·2	잠19	골 2
92	2	레 5	시3·4	잠20	골 3
93	3	레 6	시5·6	잠21	골 4
94	4	레 7	시7·8	잠22	살전1
95	5	레 8	시 9	잠23	살전2
96	6	레 9	시10	잠24	살전3
97	7	레10	시11·12	잠25	살전4
98	8	레11·12	시13·14	잠26	살전5
99	9	레13	시15·16	잠27	살후1
100	10	레14	시17	잠28	살후2
101	11	레15	시18	잠29	살후3
102	12	레16	시19	잠30	딤전1
103	13	레17	시20·21	잠31	딤전2
104	14	레18	시22	전 1	딤전3
105	15	레19	시23·24	전 2	딤전4
106	16	레20	시25	전 3	딤전5
107	17	레21	시26·27	전 4	딤전6
108	18	레22	시28·29	전 5	딤후1
109	19	레23	시30	전 6	딤후2
110	20	레24	시31	전 7	딤후3
111	21	레25	시32	전 8	딤후4
112	22	레26	시33	전 9	딛 1
113	23	레27	시34	전10	딛 2
114	24	민 1	시35	전11	딛 3
115	25	민 2	시36	전12	몬 1
116	26	민 3	시37	아 1	히 1
117	27	민 4	시38	아 2	히 2
118	28	민 5	시39	아 3	히 3
119	29	민 6	시40·41	아 4	히 4
120	30	민 7	시42·43	아 5	히 5

맥체인 QT 가이드

01 사도신경 오늘의 찬양

신앙고백으로 마음을 정돈하고, 오늘의 찬양으로 마음의 준비를 하세요.

02 핵심주제

그날의 핵심주제를 기억하며 본문으로 들어갑니다.

03 본문읽기

네 본문의 소제목을 기억하면서 본문을 정독으로 읽으세요.
- 반복되는 단어, 유사한 단어, 반대되는 단어를 기억하면서...
- 나에게 주시는 동일한 핵심단어를 4책에서 찾아 기록해 보세요.

04 더 깊은 묵상

본문의 내용을 떠올리며 단어나 문장을 연결하며 다시 한번 정독으로 읽으세요.

05 말씀암송

주어진 시간안에서 말씀을 기억하세요. (괄호 채우기를 권해 드립니다.) 1년 365요절을 암송합니다.

06 말씀묵상

하나님이 나에게 주시는 말씀을 다시 한번 묵상해 보세요.

07 말씀적용

묵상을 통해 주신 말씀에 순종하며, 오늘 내가 할수 있는 일을 구체적으로 기록해 보세요.

08 감사기도

감사가 사라지고 있는 이 시대.. 하루에 3가지(믿음, 소망, 사랑)의 감사하는 마음을 담아 기록하여 보세요. 감사는 또 다른 감사를 만들어 줍니다.

09 말씀기도

오늘 내게 주신 말씀에 순종 할 수 있도록 하나님께 기도를 드립니다.

▶나눔 (하브루타 토론식)◀

교회 소그룹에 활용시 (09)말씀기도 전에
『하브루타 토론식』으로 서로의 의견을 말하고 생각을 공유해 보세요.
맥체인QT집으로 묵상을 하시면
같은 말씀이라도 하나님의 주신 말씀이 다양한 방향과 방법으로
대화의 나눔의 장을 만들어 드릴것입니다.

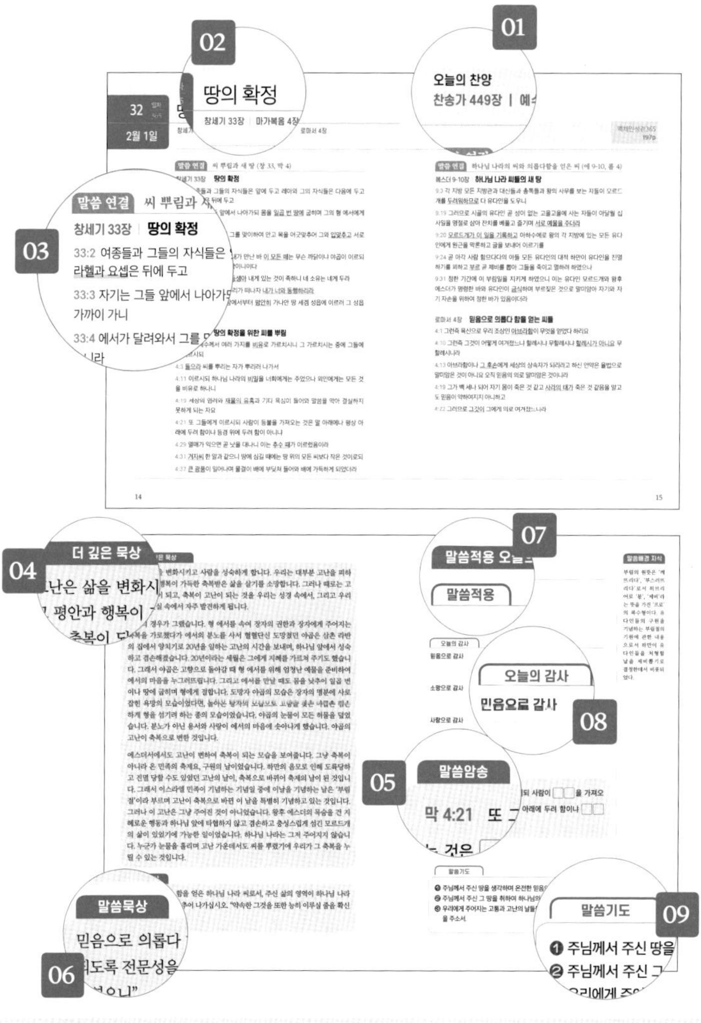

맥체인 성경읽기는
말씀에서 길을 찾고 기도로 힘을 얻는다

● **나의 맥체인 성경읽기를 공개합니다.**

① 먼저 기도하고 찬양으로 마음을 준비합니다.

② 성경읽기표에 따른 네 본문에 제시된 주제를 통해 중심 단어를 생각합니다.

③ 네 성경 본문을 순서대로 천천히 읽습니다. (주요 요절이나 단어에 밑줄이나 표기를 합니다.)

④ 우선 두 성경 본문에서 주제와 일치하는 내용이나 반복되는 단어나 유사한 문맥을 찾아 서로 연결해 봅니다.

⑤ 본문에서 반대되는 내용이나 같은 뜻을 가진 단어나 문장 문맥을 찾아봅니다.

⑥ 이렇게 연결되는 본문을 나머지 다른 두 권으로 확대하여, 네 권 전체에 흐르는 하나님의 뜻을 발견하고, 그 내용을 적어봅니다. (나에게 주시는 말씀)

⑦ 네 성경 본문을 한 주제로 연결하도록(Word Link) 깊은 묵상을 합니다.

⑧ 나아가 본문에서 지도자나 인도자로부터 배운 신학 주제나 교리들이 함축하고 있는 문맥이나 내용의 짝을 찾아봅니다.

⑨ 삶에 적용할 항목들을 적어보고 실천함으로써 놀라운 변화를 경험해 봅니다. 매일 묵상할 때마다 다른 감동을 경험할 수 있습니다.

⑩ 마지막으로 하나님이 오늘 나에게 주신 말씀을 통하여 가르침, 명령과 약속과 권면, 경고 및 행해야 할 일들을 적어보고, 하나님과 대화하는 마음으로 묵상하고, 말씀기도로 성경읽기를 마무리합니다.

❖ 독자들의(맥체인큐티, MQ) 다양한 원고를 기다립니다. 공동체의 성경읽기가 습관화 되어지도록 말씀묵상, 말씀적용, 감사기도의 은혜를 독자들과 나눌 수 있도록 사연을 기다립니다. 지면을 통하여 함께 은혜 나누기를 소망합니다. 채택되신 분들에게는 감사의 마음을 담아 선교햇불 도서를 선물로 보내드립니다. (이메일 : ccm2you@gmail.com)

전교인 작정새벽 말씀읽기
맥체인성경 말씀으로 돌아가기

1. 맥체인 성경읽기란?

맥체인 성경읽기표는 1842년 맥체인이 자신이 목양하던 성 베드로 교회 성도들의 영적 성장을 위해 개발한 것으로, 매일 구약과 신약을 각각 2장씩 읽음으로써 1년에 구약 1회, 신약과 시편을 각 2회 정독할 수 있도록 만든 표입니다.

이와 같은 맥체인의 방법에 따라 신구약 성경 전체를 골고루 4등분해서 동시에 읽으면, 성경에 기록된 장구한 구속사를 크게 네 시대로 나누어 동시에 묵상할 수 있습니다.

각각의 시대마다 하나님께서는 하나님이 세우신 사람들과 언약을 맺으셨고, 그 언약을 완성하셨습니다. 그리고 이 시대들은 서로 씨줄과 날줄이 되어 하나님의 구속사를 완성하는 완벽한 하모니를 이루고 있습니다.

때로는 시대별로, 때로는 거시적인 안목에서 구속사 전체를 한 번에 아우르게 합니다. 그렇기에 남녀노소, 교회의 직분을 무론하고, 누구나 맥체인 성경읽기표를 따라 성경을 읽으면, 성경에 대한 명쾌한 이해와 함께 하나님께서 감춰두신 구속의 보화를 찾는 기쁨을 누릴 수 있습니다.

또한 이를 통해 성경의 맥을 보다 쉽게 잡을 수 있습니다. 이렇게 하나님의 계시 목적에 평행선을 그으며 따라가는 것은 맥체인 성경읽기표만의 독특한 방식입니다.

성경을 읽다가 중간에 빠뜨린 부분이 있더라도 포기하지 말고, 그날의 날짜에 맞추어 읽는 것이 좋습니다. 이런 습관은 해가 거듭되더라도 반복적으로 성경을 통독할 수 있게 해 주기 때문입니다.

"또 어려서부터 성경을 알았나니 성경은 능히 너로 하여금 그리스도 예수 안에 있는 믿음으로 말미암아 구원에 이르는 지혜가 있게 하느니라. 모든 성경은 하나님의 감동으로 된 것으로 교훈과 책망과 바르게 함과 의로 교육하기에 유익하니 이는 하나님의 사람으로 온전하게 하며 모든 선한 일을 행할 능력을 갖추게 하려 함이라."(딤후 3:15-17)

2. 맥체인 성경 365의 특징과 장점

맥체인 성경365의 장점은 QT와 통독을 하나로 통합해준다는 것입니다.

맥체인 성경365로 성경을 읽고 묵상하면

- 매일 성경을 읽도록 해줍니다.
- 매일 체계적이고 규칙적으로 성경을 읽도록 도와줍니다.
- 매일 성경 읽기(20분)에 적당한 분량입니다.
- 매일 구약과 신약의 각 부분을 골고루 읽도록 해줍니다.
- 1년에 구약 1독, 신약과 시편 2독을 할 수 있습니다.
- QT와 성경읽기를 하나로! 이제 QT와 통독을 따로 할 필요가 없습니다.
- 구약과 신약(시편)이 짝을 이뤄 구속사를 한눈에 살펴볼 수 있습니다.
- 말씀의 다채로움을 만끽하며 더 넓고 깊은 하나님의 생각을 발견하게 됩니다.
- 하나로 관통하는 하나님의 생각을 찾아내 더 깊은 영적 성숙을 도와줍니다.

3. 맥체인 성경읽기에 실패하지 않으려면?

영혼의 양식이요 영적 성숙의 원천이 되는 성경, 누구나 많이 읽고, 깊이 묵상하기를 원합니다. 하지만 막상 성경 통독을 시작하려고 해도 쉽지 않고, 끝내기는 더욱 쉽지 않습니다. 맥체인 성경읽기를 통해 성경을 통독하고, 매일 매일의 말씀묵상에 실패하지 않으려면, 맥체인 성경읽기표를 따라 다음과 같은 방법으로 성경을 읽으십시오.

① 매일 성경을 읽겠다는 결심을 하십시오.
② 성경을 읽는 구별된 시간을 확보하십시오.
③ 성경읽기표를 따라 매일 구별된 시간에 읽으십시오.
④ 가정예배와 교회 공동체에서 함께 성경읽기표를 따라 읽어나가면 좋습니다.
⑤ 너무 완벽하게 읽으려고 하지 마시고, 먼저 성경을 읽는다는 자체에 우선하십시오.
⑥ 빠뜨린 날이 있더라도 오늘 내가 읽어야 할 날짜의 읽기에 집중하십시오.
⑦ 빠뜨린 부분이 있더라도 집착하거나 포기하지 마시고 오늘 날짜부터 다시 시작하십시오.

한국교회의 성도님들께서 맥체인 성경 읽기를 통해 구속사의 주인이신 하나님을 매일 만나는 은혜의 경험을 하여 신앙의 성숙이 일어나시기를 간절히 기도드립니다.

4. 맥체인성경 읽을때 주의할 점

형식으로 읽지 말라

우리는 너무나 연약한 피조물이어서 어떤 의무든 규칙적으로 반복하면 타성적인 형태로 전락하기 쉽습니다. 일정한 규칙에 따라 말씀을 읽는 어떤 사람들에게는 이렇게 형식적인 신앙생활을 낳는 경향이 있습니다. 이것은 말세에 두드러진 죄가 될 것입니다. "경건의 모양은 있으나 경건의 능력은 부인하니 이같은 자들에게서 네가 돌아서라" (딤후 3:5). 이 점을 주의하십시오. 이 읽기표 때문에 여러분의 영혼이 무디어질 것 같으면 차라리 이 표를 없애 버리십시오.

분량 채우는 것으로 만족하지 말라

어떤 이들은 말씀을 읽기 위해 시간을 정하고 정해진 분량을 다 읽고 나면 자기 자신을 만족스런 눈으로 바라보는 유혹에 빠지기가 쉽습니다. 확신컨대 많은 이가 영혼에 아무런 하나님의 역사를 체험하지 못한 채 살아가고 있습니다. 용서받지 못하고, 성화되지도 않고, 멸망을 눈앞에 둔 채 말입니다. 그들은 그러면서도 개인적으로나 가족과 함께 정해진 경건 시간을 보냅니다. 이런 사람은 오른손에 거짓 것을 들고(사 44:20) 지옥으로 향하는 사람입니다.

아무렇게나 건성으로 읽지 말라

하나님의 말씀에 두려워 떠는 사람이 별로 없습니다. 말씀을 읽는 동안에도 위엄으로 가득찬 여호와의 음성을 듣는 이가 별로 없습니다. 이스라엘 백성들은 매일 먹는 만나에 대해 "백성이 하나님과 모세를 향하여 원망하되 어찌하여 우리를 애굽에서 인도해 내어 이 광야에서 죽게 하는가 이 곳에는 먹을 것도 없고 물도 없도다 우리 마음이 이 하찮은 음식을 싫어하노라 하매" (민 21:5)고 불평했습니다. 마찬가지로 어떤 이들은 많은 분량의 말씀을 읽다가 말씀 읽기에 싫증이 나서 말씀을 아무렇게나 건성으로 읽으려는 유혹에 빠지기 쉽습니다. 이런 일은 하나님의 진로를 불러 일으킬 것입니다. 이 말씀이 여러분에게 해당되지 않도록 주의하십시오. "만군의 여호와가 이르노라 너희가 또 말하기를 이 일이 얼마나 번거로운고 하며 코웃음치고 훔친 물건과 저는 것, 병든 것을 가져왔느니라 너희가 이같이 봉헌물을 가져오니 내가 그것을 너희 손에서 받겠느냐 이는 여호와의 말이니라" (말 1:13).

의무감으로 억지로 읽지 말라

어떤 이들은 한동안 말씀을 잘 읽지만 나중에는 말씀 읽는 일이 감당하기 벅찬 부담감으로 느껴집니다. 그들은 하늘의 양식을 전혀 맛보지 못하고 양심에 질질 끌려 억지로 정해진 의무를 행합니다. 만일 어떤 성도든 이런 경우에 해당된다면, 차라리 이 족쇄를 던져 버리고 하나님의 아름다운 정원에서 마음껏 꿀을 먹으십시오. 제가 바라는 것은 여러분에게 덫을 놓는 것이 아니라 여러분이 기쁨을 맛보도록 돕는 것입니다.

이렇게 주의할 점이 많은데 이런 읽기표를 만든 목적이 대체 무엇일까요? 이 질문에 저는 이렇게 대답하겠습니다. 가장 좋은 일에는 언제나 위험이 따르는 법입니다. 위험한 절벽 틈에 가장 아름다운 꽃들이 피어 있는 것처럼 말입니다. 그러면 이 읽기표의 장점을 살펴보겠습니다.

첫째, 성경 전체를 1년 동안 정독할 수 있습니다.

모든 성경은 하나님의 감동으로 된 것이기 때문에 어느 한 부분이 더 중요하고 덜 중요한 곳이 없습니다. 성경 전체를 읽어나가는 것은 하나님의 구속사의 전체 의도를 알아가는 데 꼭 필요한 일입니다. 맥체인 성경 읽기를 따라가다 보면 구약은 한 번, 신약과 시편은 두 번 읽게 됩니다.

둘째, 성경의 네 가지 본문을 동시에 보는 안목을 기르게 됩니다.

맥체인 성경 읽기는 성경 전체를 4시대 구분으로 나누어 하루에 4장씩 읽어 나갑니다. 매일 구약에서 두 장, 신약에서 두 장을 읽는 것입니다. 이는 하나님의 구속의 역사를 네 시대로 나누어 동시에 묵상할 수 있는 탁월한 구조입니다.

셋째, 성경의 주인이 하나님이심을 알게 됩니다.

기존 성경 읽기는 역사 중심, 인물 중심으로 진행됩니다. 그래서 사람이 중심이 되는 성경 읽기가 될 수도 있습니다. 맥체인 성경 읽기는 신구약 4장을 읽으면서 공통적으로 흐르는 통일주제와 개별주제의 주인공이 하나님임을 알게 됩니다.

넷째, 어느 부분을 읽을지 고민하지 않습니다.

막상 성경을 펼쳐서 앞에서부터 읽어가다보면 레위기쯤 와서는 진도가 잘 나가지 않습니다. 그래서 뛰어넘고 다른 곳으로 가고자 하는 유혹을 받게 됩니다. 맥체인 성경 읽기는 좋은 성경 교사가 옆에서 자상하게 '오늘은 여기 읽어야죠'하고 들려주는 음성과 같습니다. 한 권을 다 읽고 또 다른 책으로 넘어가는 것이 아니라 지루하지 않게, 힘든 부분과 쉽게 이해되는 부분이 골고루 섞여 있는 종합 비타민 같은 책입니다.

다섯째, 교회의 전 성도가 어디를 읽는지 알 수 있습니다.

이 부분은 특별히 목회자들에게 특히 유용한 부분입니다. 교회 전 성도가 맥체인 성경 읽기로 성경을 읽어나가면 우리교회 성도들이 오늘 어디를 읽는지 분명히 알게 됩니다. 그래서 거기에 맞는 권면과 신앙의 조언을 해 줄 수 있고 전체 목회 그림을 그려나가는데 도움이 됩니다.

여섯째, SNS로 같은 본문의 은혜 나눔이 가능합니다.

교회마다 리더들을 중심으로 연결된 다양한 SNS방들이 있습니다. 기존의 은혜 나눔방들은 각자 자신이 읽은 본문으로 은혜를 나누기 때문에 성경 본문을 같이 묵상하지 않고 표면적인 은혜 나눔만 일어날 수 있습니다. 하지만 대화방으로 연결된 성도들끼리 오늘 분량의 매체인 성경 읽기 본문을 가지고 묵상과 은혜를 나누게 되니 같은 본문 말씀에 입각한 나눔이 가능합니다.

일곱째, 새벽기도때 설교를 듣고 매일 읽어 나갈 수 있습니다.

전교인 새벽 기도를 맥체인 성경 읽기로 진행한다면 매년 전 성도가 성경을 일년 일독(신약, 시편 2독)하는 교회를 만들어 갈 수 있습니다. 성도들은 오늘자 맥체인 본문 설교를 듣고 그 배경지식 하에 각자 성경을 읽어나가니 더더욱 풍성한 성경 이해와 하나님 구속사의 역사를 체험할 수 있습니다.

32 일차/365

2월 1일

땅의 확정

창세기 33장 | 마가복음 4장 | 에스더 9-10장 | 로마서 4장

말씀 연결 씨 뿌림과 새 땅 (창 33, 막 4)

창세기 33장 | 땅의 확정

33:2 여종들과 그들의 자식들은 앞에 두고 레아와 그의 자식들은 다음에 두고 라헬과 요셉은 뒤에 두고

33:3 자기는 그들 앞에서 나아가되 몸을 일곱 번 땅에 굽히며 그의 형 에서에게 가까이 가니

33:4 에서가 달려와서 그를 맞이하여 안고 목을 어긋맞추어 그와 입맞추고 서로 우니라

33:8 에서가 또 이르되 내가 만난 바 이 모든 떼는 무슨 까닭이냐 야곱이 이르되 내 주께 은혜를 입으려 함이니이다

33:9 에서가 이르되 내 동생아 내게 있는 것이 족하니 네 소유는 네게 두라

33:12 에서가 이르되 우리가 떠나자 내가 너와 동행하리라

33:18 야곱이 밧단아람에서부터 평안히 가나안 땅 세겜 성읍에 이르러 그 성읍 앞에 장막을 치고

마가복음 4장 | 땅의 확정을 위한 씨를 뿌림

4:2 이에 예수께서 여러 가지를 비유로 가르치시니 그 가르치시는 중에 그들에게 이르시되

4:3 들으라 씨를 뿌리는 자가 뿌리러 나가서

4:11 이르시되 하나님 나라의 비밀을 너희에게는 주었으나 외인에게는 모든 것을 비유로 하나니

4:19 세상의 염려와 재물의 유혹과 기타 욕심이 들어와 말씀을 막아 결실하지 못하게 되는 자요

4:21 또 그들에게 이르시되 사람이 등불을 가져오는 것은 말 아래에나 평상 아래에 두려 함이냐 등경 위에 두려 함이 아니냐

4:29 열매가 익으면 곧 낫을 대나니 이는 추수 때가 이르렀음이라

4:31 겨자씨 한 알과 같으니 땅에 심길 때에는 땅 위의 모든 씨보다 작은 것이로되

4:37 큰 광풍이 일어나며 물결이 배에 부딪쳐 들어와 배에 가득하게 되었더라

오늘의 찬양
찬송가 449장 | 예수 따라가며

맥체인성경365
197p

말씀 연결 하나님 나라의 씨와 의롭다함을 얻은 씨 (에 9-10, 롬 4)

에스더 9-10장 | 하나님 나라 씨들의 새 땅

9:3 각 지방 모든 지방관과 대신들과 총독들과 왕의 사무를 보는 자들이 모르드
개를 두려워하므로 다 유다인을 도우니

9:19 그러므로 시골의 유다인 곧 성이 없는 고을고을에 사는 자들이 아달월 십
사일을 명절로 삼아 잔치를 베풀고 즐기며 서로 예물을 주더라

9:20 모르드개가 이 일을 기록하고 아하수에로 왕의 각 지방에 있는 모든 유다
인에게 원근을 막론하고 글을 보내어 이르기를

9:24 곧 아각 사람 함므다다의 아들 모든 유다인의 대적 하만이 유다인을 진멸
하기를 꾀하고 부르 곧 제비를 뽑아 그들을 죽이고 멸하려 하였으나

9:31 정한 기간에 이 부림일을 지키게 하였으니 이는 유다인 모르드개와 왕후
에스더가 명령한 바와 유다인이 금식하며 부르짖은 것으로 말미암아 자기와 자
기 자손을 위하여 정한 바가 있음이더라

로마서 4장 | 믿음으로 의롭다 함을 얻는 씨들

4:1 그런즉 육신으로 우리 조상인 아브라함이 무엇을 얻었다 하리요

4:10 그런즉 그것이 어떻게 여겨졌느냐 할례시냐 무할례시냐 할례시가 아니요 무
할례시니라

4:13 아브라함이나 그 후손에게 세상의 상속자가 되리라고 하신 언약은 율법으로
말미암은 것이 아니요 오직 믿음의 의로 말미암은 것이니라

4:19 그가 백 세나 되어 자기 몸이 죽은 것 같고 사라의 태가 죽은 것 같음을 알고
도 믿음이 약하여지지 아니하고

4:22 그러므로 그것이 그에게 의로 여겨졌느니라

더 깊은 묵상

고난은 삶을 변화시키고 사람을 성숙하게 합니다. 우리는 대부분 고난을 피하고 평안과 행복이 가득한 축복받은 삶을 살기를 소망합니다. 그러나 때로는 고난이 축복이 되고, 축복이 고난이 되는 것을 우리는 성경 속에서, 그리고 우리 주변의 현실 속에서 자주 발견하게 됩니다.

야곱의 경우가 그랬습니다. 형 에서를 속여 장자의 권한과 장자에게 주어지는 축복을 가로챘다가 에서의 분노를 사서 혈혈단신 도망쳤던 야곱은 삼촌 라반의 집에서 양치기로 20년을 일하는 고난의 시간을 보내며, 하나님 앞에서 성숙하고 겸손해졌습니다. 20년이라는 세월은 그에게 지혜를 가르쳐 주기도 했습니다. 그래서 야곱은 고향으로 돌아갈 때 형 에서를 위해 엄청난 예물을 준비하여 에서의 마음을 누그러뜨립니다. 그리고 에서를 만날 때도 몸을 낮추어 일곱 번이나 땅에 굽히며 형에게 절합니다. 도망자 야곱의 모습은 장자의 명분에 사로잡힌 욕망의 모습이었다면, 돌아온 탕자의 모습으로 고향을 찾은 야곱은 겸손하게 형을 섬기려 하는 종의 모습이었습니다. 야곱의 눈물이 모든 허물을 덮었습니다. 분노가 아닌 용서와 사랑이 에서의 마음에 솟아나게 했습니다. 야곱의 고난이 축복으로 변한 것입니다.

에스더서에서도 고난이 변하여 축복이 되는 모습을 보여줍니다. 그냥 축복이 아니라 온 민족의 축제요, 구원의 날이었습니다. 하만의 음모로 인해 도륙당하고 진멸 당할 수도 있었던 고난의 날이, 축복으로 바뀌어 축제의 날이 된 것입니다. 그래서 이스라엘 민족이 기념하는 기념일 중에 이날을 기념하는 날은 '부림절'이라 부르며 고난이 축복으로 바뀐 이 날을 특별히 기념하고 있는 것입니다. 그러나 이 고난은 그냥 주어진 것이 아니었습니다. 왕후 에스더의 목숨을 건 지혜로운 행동과 하나님 앞에 타협하지 않고 겸손하고 충성스럽게 섬긴 모르드개의 삶이 있었기에 가능한 일이었습니다. 하나님 나라는 그저 주어지지 않습니다. 누군가 눈물을 흘리며 고난 가운데서도 씨를 뿌렸기에 우리가 그 축복을 누릴 수 있는 것입니다.

말씀묵상

믿음으로 의롭다 함을 얻은 하나님 나라 씨로서, 주신 삶의 영역이 하나님 나라 되도록 전문성을 갖추어 나가십시오. "약속한 그것을 또한 능히 이루실 줄을 확신하였으니"

말씀적용 오늘의 감사

말씀적용

오늘의 감사

믿음으로 감사

소망으로 감사

사랑으로 감사

말씀배경 지식

부림의 원뜻은 '깨뜨리다', '부스러뜨리다'로서 히브리어로 '몫', '제비'라는 뜻을 가진 '프로'의 복수형이다. 유다인들의 구원을 기념하는 부림절의 기원에 관한 내용으로서 하만이 유다인들을 처형할 날을 제비뽑기로 결정한데서 비롯되었다.

말씀암송

막 4:21 또 그들에게 이르시되 사람이 [ ][ ]을 가져오는 것은 [ ] 아래에나 평상 아래에 두려 함이냐 [ ][ ] 위에 두려 함이 아니냐

말씀기도

❶ 주님께서 주신 땅을 생각하며 온전한 믿음의 성취를 이루게 하소서.
❷ 주님께서 주신 그 땅을 취하여 하나님의 나라가 되게 하소서.
❸ 우리에게 주어지는 고통과 고난의 날들을 견딜 수 있는 위로와 소망을 주소서.

33 일차/365

씨의 순결

2월 2일

창세기 34장 | 마가복음 5장 | 욥기 1장 | 로마서 5장

말씀 연결 씨의 순결과 정결 (창 34, 막 5)

창세기 34장 | 씨의 순결에 대한 분노

34:2 히위 족속 중 하몰의 아들 그 땅의 추장 세겜이 그를 보고 끌어들여 강간하여 욕되게 하고

34:5 야곱이 그 딸 디나를 그가 더럽혔다 함을 들었으나 자기의 아들들이 들에서 목축하므로 그들이 돌아오기까지 잠잠하였고

34:7 야곱의 아들들은 들에서 이를 듣고 돌아와서 그들 모두가 근심하고 심히 노하였으니 이는 세겜이 야곱의 딸을 강간하여 이스라엘에게 부끄러운 일 곧 행하지 못할 일을 행하였음이더라

34:11 세겜도 디나의 아버지와 그의 남자 형제들에게 이르되 나로 너희에게 은혜를 입게 하라 너희가 내게 말하는 것은 내가 다 주리니

34:14 야곱의 아들들이 그들에게 말하되 우리는 그리하지 못하겠노라 할례 받지 아니한 사람에게 우리 누이를 줄 수 없노니 이는 우리의 수치가 됨이니라

34:30 야곱이 시므온과 레위에게 이르되 너희가 내게 화를 끼쳐 나로 하여금 이 땅의 주민 곧 가나안 족속과 브리스 족속에게 악취를 내게 하였도다 나는 수가 적은즉 그들이 모여 나를 치고 나를 죽이리니 그러면 나와 내 집이 멸망하리라

마가복음 5장 | 씨의 소중함과 정결하게 되는 법

5:1 예수께서 바다 건너편 거라사인의 지방에 이르러

5:2 배에서 나오시매 곧 더러운 귀신 들린 사람이 무덤 사이에서 나와 예수를 만나니라

5:11 마침 거기 돼지의 큰 떼가 산 곁에서 먹고 있는지라

5:22 회당장 중의 하나인 야이로라 하는 이가 와서 예수를 보고 발 아래 엎드리어

5:25 열두 해를 혈루증으로 앓아 온 한 여자가 있어

5:39 들어가서 그들에게 이르시되 너희가 어찌하여 떠들며 우느냐 이 아이가 죽은 것이 아니라 잔다 하시니

말씀 연결 순결의 씨 (욥 1, 롬 5)

욥기 1장 | 순결한 씨의 삶

1:1 우스 땅에 욥이라 불리는 사람이 있었는데 그 사람은 온전하고 정직하여 하
나님을 경외하며 악에서 떠난 자더라

1:8 여호와께서 사탄에게 이르시되 네가 내 종 욥을 주의하여 보았느냐 그와 같
이 온전하고 정직하여 하나님을 경외하며 악에서 떠난 자는 세상에 없느니라

1:16 그가 아직 말하는 동안에 또 한 사람이 와서 아뢰되 하나님의 불이 하늘에
서 떨어져서 양과 종들을 살라 버렸나이다 나만 홀로 피하였으므로 주인께 아뢰
러 왔나이다

1:17 그가 아직 말하는 동안에 또 한 사람이 와서 아뢰되 갈대아 사람이 세 무리
를 지어 갑자기 낙타에게 달려들어 그것을 빼앗으며 칼로 종들을 죽였나이다 나
만 홀로 피하였으므로 주인께 아뢰러 왔나이다

1:20 욥이 일어나 겉옷을 찢고 머리털을 밀고 땅에 엎드려 예배하며

로마서 5장 | 씨를 순결하게 하기 위한 죽음

5:4 인내는 연단을, 연단은 소망을 이루는 줄 앎이로다

5:6 우리가 아직 연약할 때에 기약대로 그리스도께서 경건하지 않은 자를 위하여
죽으셨도다

5:10 곧 우리가 원수 되었을 때에 그의 아들의 죽으심으로 말미암아 하나님과 화목
하게 되었은즉 화목하게 된 자로서는 더욱 그의 살아나심으로 말미암아 구원을 받
을 것이니라

5:12 그러므로 한 사람으로 말미암아 죄가 세상에 들어오고 죄로 말미암아 사망이
들어왔나니 이와 같이 모든 사람이 죄를 지었으므로 사망이 모든 사람에게 이르렀
느니라

5:16 또 이 선물은 범죄한 한 사람으로 말미암은 것과 같지 아니하니 심판은 한 사
람으로 말미암아 정죄에 이르렀으나 은사는 많은 범죄로 말미암아 의롭다 하심에
이름이니라

5:20 율법이 들어온 것은 범죄를 더하게 하려 함이라 그러나 죄가 더한 곳에 은혜
가 더욱 넘쳤나니

더 깊은 묵상

하나님의 은혜로 야곱은 형과 반가운 만남을 갖게 됐고, 평안함으로 고향에 돌아갈 수 있었습니다. 무엇보다 야곱은 하나님을 처음 만난 벧엘에 올라가 약속대로 은혜를 주신 하나님께 감사하며 예배해야 했습니다. 그러나 오랜 시간 숙곳과 세겜에 머무르고 말았습니다. 땅이 비옥하고 가축들을 기르기 좋은 이 땅에 마음이 끌리고 만 것입니다. 이런 안주가 생각하지 못한 시련을 만들고 말았습니다. 야곱의 딸 디나가 세겜 성읍의 추장에게 부끄러운 일을 당했습니다. 이 일로 인해 분노한 야곱의 아들들이 세겜 사람들을 속이고 할례를 받게 했고, 또 할례로 고통 중에 있는 시간에 야곱의 아들들이 성읍에 들어가 모든 남자들을 죽이고 가축과 재물을 약탈하는 일을 행했습니다. 벧엘을 잊고 하나님과의 약속을 잊어버린 야곱에게 깨달음의 시련이 필요했던 것입니다.

사탄은 경건한 욥을 넘어뜨리기 위해 시련을 주고자 했습니다. 그러나 하나님은 욥을 단련하기 위해 시련을 허락하셨습니다. 이처럼 사탄은 하나님을 믿는 믿음을 끊어버리기 위해 시련을 줍니다. 그러나 하나님이 믿음의 사람들에게 시련을 주시는 것은 믿음의 연단을 위해서입니다. 따라서 까닭 없이 겪는 시련에 원망하는 것이 아니라 믿음으로 이겨야 합니다. 시련 속에서 더 깊이 하나님을 만나고 더 큰 믿음의 사람으로 세워져야 합니다.

야이로에게 딸의 질병과 죽음은 큰 시련이고 고통이었습니다. 그러나 예수님은 끝까지 믿음을 요구하셨고, 죽은 야이로의 딸을 살리심으로 믿음으로 시련을 이길 수 있음을 가르치셨습니다. 따라서 어떤 시련 중에도 믿음을 잃지 말아야 합니다. 예수님의 말씀을 따라 두려워하지 말고 끝까지 믿음을 가져야 합니다.

환난 중에서도 즐거워해야 합니다. 믿음 안에서 겪는 환난은 오히려 인내를 통한 연단을 이루고 또한 소망을 이룹니다. 시련 중에서 두려워하고 절망할 것이 아니라 이를 통한 내일의 아름다운 결과를 기대하고 소망하며 오히려 기뻐할 수 있어야 합니다. 기쁨으로 시련을 이겨야 합니다.

말씀묵상

하나님 나라의 씨로서 순결한 삶을 요구하십니다. 예수는 십자가에서 죽으심으로 우리를 순결한 신부로 세우셨습니다. 순결한 삶을 위해 숨은 죄라도 찾아내시기 바랍니다.

말씀적용 오늘의 감사

말씀적용

오늘의 감사

믿음으로 감사

소망으로 감사

사랑으로 감사

말씀암송

롬 5:4 인내는 ☐☐을, 연단은 ☐☐을 이루는 줄 앎이로다

말씀기도

❶ 내 안에 십자가의 흔적을 가지게 하소서.
❷ 예수 그리스도와 함께 내 안에 잠재된 악들을 제거하여 주소서.
❸ 하나님의 온전한 사랑으로 순종의 삶을 살게 하소서.

말씀배경 지식

사탄의 원뜻은 '대적자'로서 사람들을 대적하고 하나님과 원수가 되게 하는 특성을 반영한 이름으로 타락한 악한 영들의 우두머리를 가리킨다. '바알세불', '벨리알', '세상 신'으로도 불린다.

34 일차/365

하나님 나라 씨들의 삶

2월 3일

창세기 35-36장 | 마가복음 6장 | 욥기 2장 | 로마서 6장

말씀 연결 제단의 씨와 예수님의 삶 (창 35-36, 막 6)

창세기 35-36장 | **제단을 쌓는 씨의 모습**

35:1 하나님이 야곱에게 이르시되 일어나 벧엘로 올라가서 거기 거주하며 네가
네 형 에서의 낯을 피하여 도망하던 때에 네게 나타났던 하나님께 거기서 제단을
쌓으라 하신지라

35:2 야곱이 이에 자기 집안 사람과 자기와 함께 한 모든 자에게 이르되 너희 중
에 있는 이방 신상들을 버리고 자신을 정결하게 하고 너희들의 의복을 바꾸어 입
으라

35:11 하나님이 그에게 이르시되 나는 전능한 하나님이라 생육하며 번성하라
한 백성과 백성들의 총회가 네게서 나오고 왕들이 네 허리에서 나오리라

35:16 그들이 벧엘에서 길을 떠나 에브랏에 이르기까지 얼마간 거리를 둔 곳에
서 라헬이 해산하게 되어 심히 고생하여

35:18 그가 죽게 되어 그의 혼이 떠나려 할 때에 아들의 이름을 베노니라 불렀으
나 그의 아버지는 그를 베냐민이라 불렀더라

35:20 야곱이 라헬의 묘에 비를 세웠더니 지금까지 라헬의 묘비라 일컫더라

마가복음 6장 | **꿈의 성취를 위해 버려야 할 것**

6:3 이 사람이 마리아의 아들 목수가 아니냐 야고보와 요셉과 유다와 시몬의 형제
가 아니냐 그 누이들이 우리와 함께 여기 있지 아니하냐 하고 예수를 배척한지라

6:8 명하시되 여행을 위하여 지팡이 외에는 양식이나 배낭이나 전대의 돈이나
아무 것도 가지지 말며

6:22 헤로디아의 딸이 친히 들어와 춤을 추어 헤롯과 그와 함께 앉은 자들을 기
쁘게 한지라 왕이 그 소녀에게 이르되 무엇이든지 네가 원하는 것을 내게 구하라
내가 주리라 하고

6:37 대답하여 이르시되 너희가 먹을 것을 주라 하시니 여짜오되 우리가 가서
이백 데나리온의 떡을 사다 먹이리이까

6:56 아무 데나 예수께서 들어가시는 지방이나 도시나 마을에서 병자를 시장에
두고 예수께 그의 옷 가에라도 손을 대게 하시기를 간구하니 손을 대는 자는 다
성함을 얻으니라

오늘의 찬양
찬송가 458장 | 너희 마음에 슬픔이 가득할 때

맥체인성경365
208p

말씀 연결 삶 (욥 2, 롬 6)

욥기 2장 | 인정받는 씨의 삶

2:3 여호와께서 사탄에게 이르시되 네가 내 종 욥을 주의하여 보았느냐 그와 같
이 온전하고 정직하여 하나님을 경외하며 악에서 떠난 자가 세상에 없느니라 네
가 나를 충동하여 까닭 없이 그를 치게 하였어도 그가 여전히 자기의 온전함을
굳게 지켰느니라

2:6 여호와께서 사탄에게 이르시되 내가 그를 네 손에 맡기노라 다만 그의 생명
은 해하지 말지니라

2:11 그 때에 욥의 친구 세 사람이 이 모든 재앙이 그에게 내렸다 함을 듣고 각각
자기 지역에서부터 이르렀으니 곧 데만 사람 엘리바스와 수아 사람 빌닷과 나아
마 사람 소발이라 그들이 욥을 위문하고 위로하려 하여 서로 약속하고 오더니

2:13 밤낮 칠 일 동안 그와 함께 땅에 앉았으나 욥의 고통이 심함을 보므로 그에
게 한마디도 말하는 자가 없었더라

로마서 6장 | 죄를 대하는 삶

6:12 그러므로 너희는 죄가 너희 죽을 몸을 지배하지 못하게 하여 몸의 사욕에 순
종하지 말고

6:13 또한 너희 지체를 불의의 무기로 죄에게 내주지 말고 오직 너희 자신을 죽은
자 가운데서 다시 살아난 자 같이 하나님께 드리며 너희 지체를 의의 무기로 하나
님께 드리라

6:17 하나님께 감사하리로다 너희가 본래 죄의 종이더니 너희에게 전하여 준 바 교
훈의 본을 마음으로 순종하여

6:22 그러나 이제는 너희가 죄로부터 해방되고 하나님께 종이 되어 거룩함에 이르
는 열매를 맺었으니 그 마지막은 영생이라

더 깊은 묵상

하나님 자녀의 삶은 세상과 달라야 합니다. 사람들은 우리가 하는 말이 아니라 우리가 사는 삶에 귀를 기울입니다. 오늘날 교회가 세상의 조롱거리가 되고, 세상이 교회를 걱정하게 된 현실은 하나님의 자녀들이 삶으로는 아무것도 보여주는 것 없이 늘 입으로만 복음을 이야기하고, 말로만 사랑을 이야기하는 까닭입니다. 복음은 말로 전하는 사랑이 아니라 삶으로 보여주는 예수님의 사랑이기 때문입니다.

오늘의 본문에서 야곱은 "너희 중에 있는 이방 신상들을 버리고 자신을 정결하게 하고 너희들의 의복을 바꾸어 입으라"(창 35:2)라고 이야기합니다. 사도 바울은 "그런즉 우리가 무슨 말을 하리요 은혜를 더하게 하려고 죄에 거하겠느냐 그럴 수 없느니라"(롬 6:1-2)라고 말씀합니다. 하나님 자녀의 삶은 우상숭배에서 떠나고 죄에서 떠나는 것입니다.

오늘날의 우상은 타 종교나, 바위나 나무 같은 것에 있지 않습니다. 오늘날의 우상숭배는 황금숭배요, 성공신화에 대한 숭배입니다. 가난한 자에게 복이 있다고 하신 예수님의 말씀을 마음의 가난으로 상징화하고 물질적 가난은 배척하며, 부요와 성공이 마치 축복인 것처럼 가르치는 물신숭배, 황금숭배야말로 오늘날 하나님의 자녀들이 가장 경계해야 할 우상숭배요, 죄악입니다.

말로만 믿는다고 말하고 삶으로 보여주지 못하는 믿음은 온전한 믿음이 아닙니다. 죄가 우리의 죽을 몸을 지배하지 못하게 삼가고 깨어 있어야 합니다.

말씀묵상

예수님은 삶의 모범을 보여주셨습니다. 세상의 기준을 버리고 예수님의 모범을 따라 살아가야 합니다. 예수님의 모범을 따를 때 온전한 제자가 됩니다.

말씀적용 오늘의 감사

말씀적용

오늘의 감사

믿음으로 감사

소망으로 감사

사랑으로 감사

말씀암송

롬 6:22 그러나 이제는 너희가 ☐로부터 해방되고 하나님께 ☐이 되어 거룩함에 이르는 열매를 맺었으니 그 마지막은 ☐☐이라

말씀기도

❶ 이 땅에 살면서 하나님의 씨로 어떤 삶을 살아가고 있는가를 생각하게 하소서.
❷ 예수님의 사명을 따라 그 가르침으로 천국 복음을 전파하게 하소서.
❸ 죽기까지 승리하는 삶을 살게 하소서.

말씀배경 지식

유대인들은 일찍이 이방 땅에서 본국으로 돌아올 때 발의 먼지를 떨어버렸다. 이방의 더러움을 성지에 감염시키지 않으려는 의도에서였다. 따라서 발의 먼지를 떠는 행위는 상대방을 이방인으로 간주하는 것이요, 완전한 거절과 교제 단절을 의미하는 상징적 행동이라고 할 수 있다.

35 일차 / 365

2월 4일

하나님이 주시는 꿈의 성취

창세기 37장 | 마가복음 7장 | 욥기 3장 | 로마서 7장

말씀 연결 꿈으로 인한 고난과 성취를 위한 버림 (창 37, 막 7)

창세기 37장 | **꿈을 주심과 꿈으로 인한 고난**

37:9 요셉이 다시 꿈을 꾸고 그의 형들에게 말하여 이르되 내가 또 꿈을 꾼즉 해
와 달과 열한 별이 내게 절하더이다 하니라

37:14 이스라엘이 그에게 이르되 가서 네 형들과 양 떼가 다 잘 있는지를 보고
돌아와 내게 말하라 하고 그를 헤브론 골짜기에서 보내니 그가 세겜으로 가니라

37:22 르우벤이 또 그들에게 이르되 피를 흘리지 말라 그를 광야 그 구덩이에 던
지고 손을 그에게 대지 말라 하니 이는 그가 요셉을 그들의 손에서 구출하여 그
의 아버지에게로 돌려보내려 함이었더라

37:28 그 때에 미디안 사람 상인들이 지나가고 있는지라 형들이 요셉을 구덩이
에서 끌어올리고 은 이십에 그를 이스마엘 사람들에게 팔매 그 상인들이 요셉을
데리고 애굽으로 갔더라

37:34 자기 옷을 찢고 굵은 베로 허리를 묶고 오래도록 그의 아들을 위하여 애통
하니

37:35 그의 모든 자녀가 위로하되 그가 그 위로를 받지 아니하여 이르되 내가 슬
퍼하며 스올로 내려가 아들에게로 가리라 하고 그의 아버지가 그를 위하여 울었
더라

마가복음 7장 | **꿈의 성취를 위해 버려야 할 것**

7:3 (바리새인들과 모든 유대인들은 장로들의 전통을 지키어 손을 잘 씻지 않고
서는 음식을 먹지 아니하며

7:6 이르시되 이사야가 너희 외식하는 자에 대하여 잘 예언하였도다 기록하였으
되 이 백성이 입술로는 나를 공경하되 마음은 내게서 멀도다

7:11 너희는 이르되 사람이 아버지에게나 어머니에게나 말하기를 내가 드려 유
익하게 할 것이 고르반 곧 하나님께 드림이 되었다고 하기만 하면 그만이라 하고

7:26 그 여자는 헬라인이요 수로보니게 족속이라 자기 딸에게서 귀신 쫓아내 주
시기를 간구하거늘

7:34 하늘을 우러러 탄식하시며 그에게 이르시되 에바다 하시니 이는 열리라는
뜻이라

오늘의 찬양
찬송가 380장 | 나의 생명 되신 주

맥체인성경365
216p

말씀 연결 버릴 것과 취할 것 (욥 3, 롬 7)

욥기 3장 | 꿈의 성취를 위해 취할 것과 버릴 것

3:3 내가 난 날이 멸망하였더라면, 사내 아이를 배었다 하던 그 밤도 그러하였더
라면,

3:8 날을 저주하는 자들 곧 리워야단을 격동시키기에 익숙한 자들이 그 밤을 저
주하였더라면,

3:13 그렇지 아니하였던들 이제는 내가 평안히 누워서 자고 쉬었을 것이니

3:17 거기서는 악한 자가 소요를 그치며 거기서는 피곤한 자가 쉼을 얻으며

로마서 7장 | 꿈의 성취를 위해 취할 것과 버릴 것(2)

7:1 형제들아 내가 법 아는 자들에게 말하노니 너희는 그 법이 사람이 살 동안만 그
를 주관하는 줄 알지 못하느냐

7:5 우리가 육신에 있을 때에는 율법으로 말미암는 죄의 정욕이 우리 지체 중에 역
사하여 우리로 사망을 위하여 열매를 맺게 하였더니

7:6 이제는 우리가 얽매였던 것에 대하여 죽었으므로 율법에서 벗어났으니 이러므
로 우리가 영의 새로운 것으로 섬길 것이요 율법 조문의 묵은 것으로 아니할지니라

7:7 그런즉 우리가 무슨 말을 하리요 율법이 죄냐 그럴 수 없느니라 율법으로 말미
암지 않고는 내가 죄를 알지 못하였으니 곧 율법이 탐내지 말라 하지 아니하였더라
면 내가 탐심을 알지 못하였으리라

7:8 그러나 죄가 기회를 타서 계명으로 말미암아 내 속에서 온갖 탐심을 이루었나
니 이는 율법이 없으면 죄가 죽은 것임이라

7:9 전에 율법을 깨닫지 못했을 때에는 내가 살았더니 계명이 이르매 죄는 살아나
고 나는 죽었도다

7:22 내 속사람으로는 하나님의 법을 즐거워하되

7:23 내 지체 속에서 한 다른 법이 내 마음의 법과 싸워 내 지체 속에 있는 죄의 법
으로 나를 사로잡는 것을 보는도다

더 깊은 묵상

꿈이 있는 사람에게는 힘이 있습니다. 꿈은 소망이고 비전이며 목표이기 때문입니다. 꿈은 삶의 의미입니다. 그래서 의미 없는 삶보다는 꿈이 있는 삶이 더 아름답습니다. 하나님은 우리 모두에게 꿈을 주셨습니다. 우리가 살아가는 현실이 팍팍하고 힘들지라도 우리에겐 꿈이 있기에 견딜 힘을 갖습니다. 그런데 정말 아름다운 꿈은 내가 꿈꾸는 꿈이 아니라 하나님이 내게 심어주신 꿈입니다. 내가 꾸는 꿈은 나만을 위한 꿈이지만, 하나님이 주신 꿈은 모두를 위한 꿈입니다.

요셉의 삶이 그러했습니다. 요셉은 하나님이 주신 꿈을 꾸는 사람이었습니다. 그렇기에 요셉은 형제들에 의해 팔려가도, 주인에 대한 충성을 지키다 억울한 누명을 쓰고 감옥에 갇혀도 굴하지 않았습니다. 기죽지 않았습니다. 하나님이 자신에게 주신 꿈을 언젠가는 하나님이 이루어주실 것을 믿었기 때문입니다. 그리고 요셉의 꿈은 애굽을 기근에서 구했고, 아버지와 형제들을 구했으며, 마침내는 이스라엘이 큰 민족을 이루는 밑거름이 되었습니다.

꿈의 성취는 우리의 삶의 태도에 달려 있습니다. 그리고 꿈의 성취를 위해서는 취해야 할 것도 있고 버려야 할 것도 있다고 오늘의 말씀은 이야기하고 있습니다. 우선 마음에 두는 것(부정적으로)과 악한 꾀는 버려야 합니다(창 37). 계명은 취하고 전통은 버려야 합니다(막 7). 빛은 취하고 저주는 버려야 합니다(욥 3). 선은 취하고 죄는 버려야 합니다(롬 7). 버릴 것은 버리고 취할 것은 취함으로써, 나의 꿈이 하나님이 주신 꿈으로 발전해나가야 합니다.

말씀묵상

하나님은 꿈을 주십니다. 꿈과 함께 고난도 주십니다. 꿈의 성취를 위해서는 버릴 것은 버리고, 취할 것은 믿음으로 취해야 합니다.

말씀적용 오늘의 감사

말씀적용

오늘의 감사

믿음으로 감사

소망으로 감사

사랑으로 감사

말씀암송

롬 7:9 전에 ☐☐을 깨닫지 못했을 때에는 내가 살았더니 ☐☐이 이르매 죄는 살아나고 나는 죽었도다

말씀기도

1. 나만 위한 꿈이 아니라 모두를 위한 꿈, 하나님을 위한 꿈이 될 수 있도록 제 꿈을 크게 키워 주소서.
2. 하나님의 말씀에 순종하는 사람이 되게 하소서.
3. 우리가 마음에 두는 부정한 것들을 버리고 선을 취하고 죄를 버리는 삶을 살게 하옵소서.

말씀배경 지식

식사에 앞선 축사는 유대인들의 공동 식사는 가장이 하나님께 축복과 감사의 기도를 드림으로 시작되고 끝을 맺는다. 시작 기도는 세상의 왕, 우리 하나님 여호와여 찬미를 받으소서이며, 그때그때 음식에 따라 계속되었다. 떡에 대해서는 주께서 떡을 땅에서 생겨나게 하셨나이다하고 고백한 뒤 떡을 떼어 식구들에게 나눠주고 가장이 맨 먼저 떡을 먹는다.

36 일차 365

2월 5일

하나님 나라 씨가 사는 법

창세기 38장 | 마가복음 8장 | 욥기 4장 | 로마서 8장

말씀 연결 씨에 대한 열정과 하나님 나라 씨들 (창 38, 막 8)

창세기 38장 | 다말의 씨에 대한 열정

38:1 그 후에 유다가 자기 형제들로부터 떠나 내려가서 아둘람 사람 히라와 가까이 하니라

38:5 그가 또 다시 아들을 낳고 그의 이름을 셀라라 하니라 그가 셀라를 낳을 때에 유다는 거십에 있었더라

38:10 그 일이 여호와가 보시기에 악하므로 여호와께서 그도 죽이시니

38:12 얼마 후에 유다의 아내 수아의 딸이 죽은지라 유다가 위로를 받은 후에 그의 친구 아둘람 사람 히라와 함께 딤나로 올라가서 자기의 양털 깎는 자에게 이르렀더니

38:13 어떤 사람이 다말에게 말하되 네 시아버지가 자기의 양털을 깎으려고 딤나에 올라왔다 한지라

38:27 해산할 때에 보니 쌍태라

38:29 그 손을 도로 들이며 그의 아우가 나오는지라 산파가 이르되 네가 어찌하여 터뜨리고 나오느냐 하였으므로 그 이름을 베레스라 불렀고

마가복음 8장 | 예수님을 따르는 하나님 나라의 씨들

8:10 곧 제자들과 함께 배에 오르사 달마누다 지방으로 가시니라

8:15 예수께서 경고하여 이르시되 삼가 바리새인들의 누룩과 헤롯의 누룩을 주의하라 하시니

8:22 벳새다에 이르매 사람들이 맹인 한 사람을 데리고 예수께 나아와 손 대시기를 구하거늘

8:27 예수와 제자들이 빌립보 가이사랴 여러 마을로 나가실새 길에서 제자들에게 물어 이르시되 사람들이 나를 누구라고 하느냐

8:29 또 물으시되 너희는 나를 누구라 하느냐 베드로가 대답하여 이르되 주는 그리스도시니이다 하매

8:33 예수께서 돌이키사 제자들을 보시며 베드로를 꾸짖어 이르시되 사탄아 내 뒤로 물러가라 네가 하나님의 일을 생각하지 아니하고 도리어 사람의 일을 생각하는도다 하시고

오늘의 찬양
찬송가 263장 | 이 세상 험하고

맥체인성경365
222p

말씀 연결 씨의 자세와 살게 하는 법 (욥 4, 롬 8)

욥기 4장 | 하나님 앞에서의 씨의 자세들

4:1 데만 사람 엘리바스가 대답하여 이르되

4:3 보라 전에 네가 여러 사람을 훈계하였고 손이 늘어진 자를 강하게 하였고

4:9 다 하나님의 입 기운에 멸망하고 그의 콧김에 사라지느니라

4:19 하물며 흙 집에 살며 티끌로 터를 삼고 하루살이 앞에서라도 무너질 자이겠느냐

4:20 아침과 저녁 사이에 부스러져 가루가 되며 영원히 사라지되 기억하는 자가 없으리라

로마서 8장 | 씨를 살게 하는 법

8:2 이는 그리스도 예수 안에 있는 생명의 성령의 법이 죄와 사망의 법에서 너를 해방하였음이라

8:5 육신을 따르는 자는 육신의 일을, 영을 따르는 자는 영의 일을 생각하나니

8:15 너희는 다시 무서워하는 종의 영을 받지 아니하고 양자의 영을 받았으므로 우리가 아빠 아버지라고 부르짖느니라

8:19 피조물이 고대하는 바는 하나님의 아들들이 나타나는 것이니

8:38 내가 확신하노니 사망이나 생명이나 천사들이나 권세자들이나 현재 일이나 장래 일이나 능력이나

8:39 높음이나 깊음이나 다른 어떤 피조물이라도 우리를 우리 주 그리스도 예수 안에 있는 하나님의 사랑에서 끊을 수 없으리라

더 깊은 묵상

죄와 생명(탄생), 그리고 사망(죽음)에 대한 말씀입니다. 유다가 과부가 된 며느리 다말에게 새로운 남편을 주지 않음으로 다말이 유다를 속여 시아버지인 유다와 동침하여 생명을 잉태합니다.

예수님으로부터 믿음을 칭찬받았던 베드로가 예수님께 꾸지람을 듣습니다. 그 이유는 예수님이 십자가에 죽으심으로 자기 백성에게 구원의 생명을 주려고 하시는데, 그것을 알지 못하는 베드로가 예수님의 죽으심을 말렸기 때문입니다. 예수님은 "누구든지 자기 목숨을 구원하고자 하면 잃을 것이요 누구든지 나와 복음을 위하여 자기 목숨을 잃으면 구원하리라"(막 8:35)라는 말씀으로 하나님 나라의 생명과 죽음은 세상과는 다르다는 것을 가르쳐 주십니다.

욥의 친구인 엘리바스는 자신에게 죄가 없다는 욥을 비판합니다. 욥을 위로하며 살리려고 왔던 친구가 오히려 욥을 비판하며 욥을 죽이는 말을 하고 있습니다. 이런 일들은 지금도 흔히 일어나는 일입니다. 사랑하는 사람이 죽거나, 불치병에 걸렸거나, 사람과의 관계 때문에 힘들어하거나, 경제적인 문제로 인해 극단적인 상황에 몰린 사람에게 찾아가서 위로한답시고 비판하고 지적질하는 것은 가뜩이나 힘든 사람에게 정신적인 폭력을 휘두르는 것입니다. 힘든 사람에게 필요한 것은 위로자이지, 심판자나 교사가 아닙니다. 힘든 사람을 살리는 것은 그냥 옆에 있어주는 일, 얼마나 힘드냐며 함께 눈물 흘려주는 일, 그를 위해서 기도해주는 일입니다. 힘든 사람에게 비판하고 지적질하는 것은 그 사람을 두 번 죽이는 일일 뿐입니다.

말씀묵상

하나님 나라 씨에 대한 열정이 있습니까? 예수님과 생명의 성령의 법을 따라 살아가야 합니다.
"영으로써 몸의 행실을 죽이면 살리니"(롬 8:13)

말씀적용 오늘의 감사

말씀적용

오늘의 감사

믿음으로 감사

소망으로 감사

사랑으로 감사

말씀암송

막 8:29 또 물으시되 너희는 나를 누구라 하느냐 베드로가 대답하여 이르되 [ ]는 [ ][ ][ ][ ]시니이다 하매

말씀기도

❶ 하나님 나라의 씨로서 육신을 따라 살지 않게 하소서.
❷ 오직 성령님의 인도하심을 따라 살게 하소서.
❸ 어떠한 고난 앞에서도 하나님을 기쁘시게 하는 삶을 살게 하소서.

말씀배경 지식

우리가 하나님을 아바 아버지라고 부르는 뜻은 아람어 '아버지'는 헬라어 '파테르'의 번역이다. 곧 하나님께서는 아람어로 대표되는 유대인이나 헬라어로 대표되는 모든 인류의 아버지이심을 보여줄 뿐 아니라 성도에게 아버지와 같이 인격적이고 친밀한 존재임을 말해준다.

37 일차 / 365

형통

2월 6일

창세기 39장 | 마가복음 9장 | 욥기 5장 | 로마서 9장

말씀 연결 부정과 믿음의 형통 (창 39, 막 9)

창세기 39장 | 부정의 환경 속에서의 형통

39:1 요셉이 이끌려 애굽에 내려가매 바로의 신하 친위대장 애굽 사람 보디발이 그를 그리로 데려간 이스마엘 사람의 손에서 요셉을 사니라

39:4 요셉이 그의 주인에게 은혜를 입어 섬기매 그가 요셉을 가정 총무로 삼고 자기의 소유를 다 그의 손에 위탁하니

39:7 그 후에 그의 주인의 아내가 요셉에게 눈짓하다가 동침하기를 청하니

39:16 그의 옷을 곁에 두고 자기 주인이 집으로 돌아오기를 기다려

39:23 간수장은 그의 손에 맡긴 것을 무엇이든지 살펴보지 아니하였으니 이는 여호와께서 요셉과 함께 하심이라 여호와께서 그를 범사에 형통하게 하셨더라

마가복음 9장 | 믿음으로 형통함

9:13 그러나 내가 너희에게 이르노니 엘리야가 왔으되 기록된 바와 같이 사람들이 함부로 대우하였느니라 하시니라

9:19 대답하여 이르시되 믿음이 없는 세대여 내가 얼마나 너희와 함께 있으며 얼마나 너희에게 참으리요 그를 내게로 데려오라 하시매

9:28 집에 들어가시매 제자들이 조용히 묻자오되 우리는 어찌하여 능히 그 귀신을 쫓아내지 못하였나이까

9:31 이는 제자들을 가르치시며 또 인자가 사람들의 손에 넘겨져 죽임을 당하고 죽은 지 삼 일만에 살아나리라는 것을 말씀하셨기 때문이더라

9:34 그들이 잠잠하니 이는 길에서 서로 누가 크냐 하고 쟁론하였음이라

9:35 예수께서 앉으사 열두 제자를 불러서 이르시되 누구든지 첫째가 되고자 하면 뭇 사람의 끝이 되며 뭇 사람을 섬기는 자가 되어야 하리라 하시고

9:43 만일 네 손이 너를 범죄하게 하거든 찍어버리라 장애인으로 영생에 들어가는 것이 두 손을 가지고 지옥 곧 꺼지지 않는 불에 들어가는 것보다 나으니라

오늘의 찬양
찬송가 14장 | 주 우리 하나님

맥체인성경365
228p

말씀 연결 형통의 씨 (욥 5, 롬 9)

욥기 5장 | 형통하게 하시는 하나님

5:3 내가 미련한 자가 뿌리 내리는 것을 보고 그의 집을 당장에 저주하였노라

5:7 사람은 고생을 위하여 났으니 불꽃이 위로 날아 가는 것 같으니라

5:27 볼지어다 우리가 연구한 바가 이와 같으니 너는 들어 보라 그러면 네가 알
리라

로마서 9장 | 형통의 궁극, 씨의 구원

9:3 나의 형제 곧 골육의 친척을 위하여 내 자신이 저주를 받아 그리스도에게서 끊
어질지라도 원하는 바로라

9:6 그러나 하나님의 말씀이 폐하여진 것 같지 않도다 이스라엘에게서 난 그들이
다 이스라엘이 아니요

9:12 리브가에게 이르시되 큰 자가 어린 자를 섬기리라 하셨나니

9:18 그런즉 하나님께서 하고자 하시는 자를 긍휼히 여기시고 하고자 하시는 자를
완악하게 하시느니라

9:22 만일 하나님이 그의 진노를 보이시고 그의 능력을 알게 하고자 하사 멸하기로
준비된 진노의 그릇을 오래 참으심으로 관용하시고

9:31 의의 법을 따라간 이스라엘은 율법에 이르지 못하였으니

더 깊은 묵상

형통이란 무엇일까요? 진정한 형통은 어려움과 고난 가운데에서도 하나님을 바라보고 의지하며 하나님과 동행하는 것입니다. 언제나 좋은 일만 있는 것이 형통이라면 요셉은 절대 형통한 사람이 아닙니다. 졸지에 자식과 재산과 건강을 모두 잃은 욥은 말할 것도 없습니다. 늘 바리새인들이나 제사장들로부터 비판받고 고난을 받으시다가 십자가에서 돌아가신 예수님의 삶도 결코 형통한 삶은 아니었습니다.

그런데 오늘 묵상한 말씀에서 노예로 팔려간 요셉이 형통한 자가 되었다고 이야기하고 있습니다. 그 이유를 창세기에서는 "여호와께서 요셉과 함께 하시므로"(창 39:2), "이는 여호와께서 요셉과 함께 하심이라 여호와께서 그를 범사에 형통하게 하셨더라"(창 39:23)라고 말씀하고 있습니다. 진정한 형통은 노예로 팔리거나 감옥에 갇히거나 하는 일상 속의 삶과는 상관없이 하나님과 함께하는 삶이라는 것을 말합니다. 성경에서 진정한 형통이란 고난의 때, 축복의 때를 가리지 않는다는 것을 말씀하고 있습니다.

고난의 때에 형통하다니 쉽게 믿을 수 없으신가요? "믿음이 없는 세대여 내가 얼마나 너희와 함께 있으며 얼마나 너희에게 참으리요"(막 9:19), "할 수 있거든이 무슨 말이냐 믿는 자에게는 능히 하지 못할 일이 없느니라"(막 9:23)라는 예수님의 말씀에 귀를 기울여야 합니다. 예수님의 말씀에 따라 살다가 고난을 당한다면 그 고난은 반드시 축복으로 변하게 됩니다. 요셉의 삶, 욥의 고난, 예수님의 생애가 말해주고 있습니다.

말씀묵상

부정의 환경은 언제나 만나게 됩니다. 성도는 하나님의 약속을 붙잡고 믿음으로 나아가야 합니다. 그럴 때 기이한 일을 행하시는 하나님의 형통을 경험하게 됩니다.

말씀적용 오늘의 감사

말씀적용

오늘의 감사

믿음으로 감사

소망으로 감사

사랑으로 감사

말씀암송

욥 5:7 사람은 [ ][ ]을 위하여 났으니 [ ][ ]이 위로 날아 가는 것 같으니라

말씀기도

❶ 진정한 하나님 안에서 믿음의 구원을 이루어 가는 삶을 살게 하소서.
❷ 하나님의 함께하심으로 이 고난이 축복으로 변화될 수 있도록 늘 동행하여 주소서.
❸ 삶 속에서 하나님의 이름으로 다른 사람에게 상처주는 일이 없도록 저의 입술을 지켜주소서.

말씀배경 지식

욥기에서 엘리바스의 주장에 대해 주목할 필요가 있다. 사람을 상대로 자신의 의로움을 강력하게 주장하는 욥보다 눈길을 하나님께로 돌려 인생의 약함을 절규하는 욥에게서 소망의 빛을 발견할 수 있다는 점이다.

38 일차/365

2월 7일

하나님만이 하시는 일

창세기 40장 | 마가복음 10장 | 욥기 6장 | 로마서 10장

말씀 연결 꿈과 영생 (창 40, 막 10)

창세기 40장 | 꿈의 해석

40:1 그 후에 애굽 왕의 술 맡은 자와 떡 굽는 자가 그들의 주인 애굽 왕에게 범죄한지라

40:4 친위대장이 요셉에게 그들을 수종들게 하매 요셉이 그들을 섬겼더라 그들이 갇힌 지 여러 날이라

40:13 지금부터 사흘 안에 바로가 당신의 머리를 들고 당신의 전직을 회복시키리니 당신이 그 전에 술 맡은 자가 되었을 때에 하던 것 같이 바로의 잔을 그의 손에 드리게 되리이다

40:15 나는 히브리 땅에서 끌려온 자요 여기서도 옥에 갇힐 일은 행하지 아니하였나이다

40:19 지금부터 사흘 안에 바로가 당신의 머리를 들고 당신을 나무에 달리니 새들이 당신의 고기를 뜯어 먹으리이다 하더니

마가복음 10장 | 영생을 주심

10:1 예수께서 거기서 떠나 유대 지경과 요단 강 건너편으로 가시니 무리가 다시 모여들거늘 예수께서 다시 전례대로 가르치시더니

10:2 바리새인들이 예수께 나아와 그를 시험하여 묻되 사람이 아내를 버리는 것이 옳으니이까

10:15 내가 진실로 너희에게 이르노니 누구든지 하나님의 나라를 어린 아이와 같이 받들지 않는 자는 결단코 그 곳에 들어가지 못하리라 하시고

10:17 예수께서 길에 나가실새 한 사람이 달려와서 꿇어 앉아 묻자오되 선한 선생님이여 내가 무엇을 하여야 영생을 얻으리이까

10:21 예수께서 그를 보시고 사랑하사 이르시되 네게 아직도 한 가지 부족한 것이 있으니 가서 네게 있는 것을 다 팔아 가난한 자들에게 주라 그리하면 하늘에서 보화가 네게 있으리라 그리고 와서 나를 따르라 하시니

10:46 그들이 여리고에 이르렀더니 예수께서 제자들과 허다한 무리와 함께 여리고에서 나가실 때에 디매오의 아들인 맹인 거지 바디매오가 길 가에 앉았다가

오늘의 찬양
찬송가 300장 | 내 맘이 낙심되며

맥체인성경365
234p

말씀 연결 간구와 구원 (욥 6, 롬 10)

욥기 6장 | 간구를 들으시는 하나님

6:4 전능자의 화살이 내게 박히매 나의 영이 그 독을 마셨나니 하나님의 두려움
이 나를 엄습하여 치는구나

6:5 들나귀가 풀이 있으면 어찌 울겠으며 소가 꼴이 있으면 어찌 울겠느냐

6:7 내 마음이 이런 것을 만지기도 싫어하나니 꺼리는 음식물 같이 여김이니라

6:12 나의 기력이 어찌 돌의 기력이겠느냐 나의 살이 어찌 놋쇠겠느냐

6:19 데마의 떼들이 그것을 바라보고 스바의 행인들도 그것을 사모하다가

6:27 너희는 고아를 제비 뽑으며 너희 친구를 팔아 넘기는구나

로마서 10장 | 하나님의 구원

10:4 그리스도는 모든 믿는 자에게 의를 이루기 위하여 율법의 마침이 되시니라

10:9 네가 만일 네 입으로 예수를 주로 시인하며 또 하나님께서 그를 죽은 자 가운
데서 살리신 것을 네 마음에 믿으면 구원을 받으리라

10:18 그러나 내가 말하노니 그들이 듣지 아니하였느냐 그렇지 아니하니 그 소리
가 온 땅에 퍼졌고 그 말씀이 땅 끝까지 이르렀도다 하였느니라

더 깊은 묵상

하나님은 우리에게 구원과 영생을 주시는 분입니다. 하나님이 우리에게 주시는 구원은 값없이 주시는 구원입니다. 동시에 그 구원은 세상에서 가장 비싼 값을 치러야 얻을 수 있는 값비싼 것이기도 합니다. 예수님은 어떻게 해야 영생을 얻느냐는 질문에 "네게 있는 것을 다 팔아 가난한 자들에게 주라 그리하면 하늘에서 보화가 네게 있으리라"(막 10:21)라고 말씀하십니다. 그러나 그 사람은 재물이 많은 부자였던 까닭에 근심하며 돌아갑니다. 그 부자는 자신의 재물도 지키면서 동시에 영생도 얻는 길을 구하였으나 예수님은 하나님과 재물을 동시에 겸하여 섬길 수 없다는 것을 가르쳐 주십니다.

하나님은 우리가 당하는 고통을 아시며, 고통 가운데 부르짖는 기도를 들으시는 하나님이십니다. 하나님은 가장 적절한 때, 하나님의 때에 응답하십니다. 하나님은 왜 이스라엘 민족이 출애굽 하자마자 곧바로 약속의 땅 가나안 땅을 정복하도록 허락하시지 않았을까요? 그것은 광야에서의 40년 동안 하나님이 비로소 이스라엘 민족의 하나님이 되고, 이스라엘 민족은 하나님의 백성이 되는 과정이 출애굽의 과정이었기 때문입니다.

사도 바울이 로마로 압송되어 아그립바 왕 앞에서 예수 그리스도를 구주로 시인한 것처럼, 어떤 고난이나 핍박에도 불구하고 예수님을 구세주로 시인해야 합니다. 단순히 말로만 하는 시인이 아니라 삶으로 뒷받침되는 시인, 고난과 순교조차 극복해내는 시인을 뜻합니다. 혹시라도 내게도 내가 필요할 때는 주님을 찾다가 더이상 필요가 없으면 금세 잊어버리는 그런 믿음만 있는 것은 아닌지 돌아보아야 합니다.

말씀묵상

인간은 죄성을 가진 유한한 존재입니다. 그러나 하나님은 거룩하시며 전능하십니다. 하나님만이 하실 수 있는 일들 앞에 자신의 교만과 연약함을 내려놓고 하나님의 자비를 간구해야 합니다.

말씀적용 오늘의 감사

말씀적용

오늘의 감사

믿음으로 감사

소망으로 감사

사랑으로 감사

말씀암송

막 10:25 낙타가 [ ][ ][ ]로 나가는 것이 부자가 하나님의 나라에 들어가는 것보다 쉬우니라 하시니

말씀기도

❶ 하나님의 꿈이 나의 꿈이 되게 하시고, 나의 꿈이 하나님의 꿈이 될 수 있도록 인도하소서.

❷ 주님을 제 삶의 중심으로 모실 수 있도록 제 삶의 모든 영역을 주관하여 주소서.

❸ 도움을 청하는 형제자매나 이웃의 손길을 외면하는 제가 되지는 않게 도와주소서.

말씀배경 지식

욥이 말한 '데마들의 떼들…스바의 행인들'이라는 표현은 한 폭의 선명한 그림을 보여주는 듯한 문장이다. '데마'는 북부 아라비아의 오아시스 지역이었다. 그리고 '스바'는 남부 아라비아의 오아시스 지역이었을 것이다. 무역을 위해 사막을 여행하는 대상들은 오아시스를 발견하고자 하는 희망을 품고 사막을 건넌다. 그러나 그들은 기대했던 장소에서 물을 발견하지 못하면 몹시 실망하며 고민에 빠진다. 이런 일이 광야 지역의 와디 현상 때문에 발생한다. 이와 마찬가지로 욥도 자신에게 큰 위로의 생수를 줄 것으로 기대했던 친구들에게서 전혀 위로의 물 한 방울조차 발견하지 못하게 되자 몹시 괴로워하면서 그 실망감을 이렇게 묘사한 것이다.

39 일차 365

2월 8일

남은 자

창세기 41장 | 마가복음 11장 | 욥기 7장 | 로마서 11장

말씀 연결 하나님의 사람, 믿음의 삶 (창 41, 막 11)

창세기 41장 | 위기 중에 드러나는 하나님의 사람

41:5 다시 잠이 들어 꿈을 꾸니 한 줄기에 무성하고 충실한 일곱 이삭이 나오고

41:9 술 맡은 관원장이 바로에게 말하여 이르되 내가 오늘 내 죄를 기억하나이다

41:25 요셉이 바로에게 아뢰되 바로의 꿈은 하나라 하나님이 그가 하실 일을 바로에게 보이심이니이다

41:30 후에 일곱 해 흉년이 들므로 애굽 땅에 있던 풍년을 다 잊어버리게 되고 이 땅이 그 기근으로 망하리니

41:33 이제 바로께서는 명철하고 지혜 있는 사람을 택하여 애굽 땅을 다스리게 하시고

41:42 자기의 인장 반지를 빼어 요셉의 손에 끼우고 그에게 세마포 옷을 입히고 금 사슬을 목에 걸고

41:43 자기에게 있는 버금 수레에 그를 태우매 무리가 그의 앞에서 소리 지르기를 엎드리라 하더라 바로가 그에게 애굽 전국을 총리로 다스리게 하였더라

마가복음 11장 | 왕이신 예수님의 권세와 믿음의 삶

11:7 나귀 새끼를 예수께로 끌고 와서 자기들의 겉옷을 그 위에 얹어 놓으매 예수께서 타시니

11:9 앞에서 가고 뒤에서 따르는 자들이 소리 지르되 호산나 찬송하리로다 주의 이름으로 오시는 이여

11:11 예수께서 예루살렘에 이르러 성전에 들어가사 모든 것을 둘러 보시고 때가 이미 저물매 열두 제자를 데리시고 베다니에 나가시니라

11:12 이튿날 그들이 베다니에서 나왔을 때에 예수께서 시장하신지라

11:13 멀리서 잎사귀 있는 한 무화과나무를 보시고 혹 그 나무에 무엇이 있을까 하여 가셨더니 가서 보신즉 잎사귀 외에 아무 것도 없더라 이는 무화과의 때가 아님이라

11:28 이르되 무슨 권위로 이런 일을 하느냐 누가 이런 일 할 권위를 주었느냐

11:30 요한의 세례가 하늘로부터냐 사람으로부터냐 내게 대답하라

오늘의 찬양
찬송가 382장 | 너 근심 걱정 말아라

맥체인성경365
239p

말씀 연결 신자를 버리지 않으신 하나님의 구원 계획 (욥 7, 롬 11)

욥기 7장 | 신자를 버리지 아니하시는 하나님

7:3 이와 같이 내가 여러 달째 고통을 받으니 고달픈 밤이 내게 작정되었구나

7:6 나의 날은 베틀의 북보다 빠르니 희망 없이 보내는구나

7:11 그런즉 내가 내 입을 금하지 아니하고 내 영혼의 아픔 때문에 말하며 내 마음의 괴로움 때문에 불평하리이다

7:12 내가 바다니이까 바다 괴물이니이까 주께서 어찌하여 나를 지키시나이까

7:17 사람이 무엇이기에 주께서 그를 크게 만드사 그에게 마음을 두시고

로마서 11장 | 이스라엘의 구원 계획

11:1 그러므로 내가 말하노니 하나님이 자기 백성을 버리셨느냐 그럴 수 없느니라 나도 이스라엘인이요 아브라함의 씨에서 난 자요 베냐민 지파라

11:5 그런즉 이와 같이 지금도 은혜로 택하심을 따라 남은 자가 있느니라

11:14 이는 혹 내 골육을 아무쪼록 시기하게 하여 그들 중에서 얼마를 구원하려 함이라

11:17 또한 가지 얼마가 꺾이었는데 돌감람나무인 네가 그들 중에 접붙임이 되어 참감람나무 뿌리의 진액을 함께 받는 자가 되었은즉

11:25 형제들아 너희가 스스로 지혜 있다 하면서 이 신비를 너희가 모르기를 내가 원하지 아니하노니 이 신비는 이방인의 충만한 수가 들어오기까지 이스라엘의 더러는 우둔하게 된 것이라

11:28 복음으로 하면 그들이 너희로 말미암아 원수 된 자요 택하심으로 하면 조상들로 말미암아 사랑을 입은 자라

11:29 하나님의 은사와 부르심에는 후회하심이 없느니라

11:32 하나님이 모든 사람을 순종하지 아니하는 가운데 가두어 두심은 모든 사람에게 긍휼을 베풀려 하심이로다

더 깊은 묵상

하나님은 구원하시는 하나님이십니다. 구원하시는 하나님이라는 메시지는 구약과 신약을 관통하는 일관된 메시지입니다. 구약에서 하나님은 이스라엘 민족을 구원하시기 위해 출애굽과정을 거치고 어린 양을 속죄양으로 드리도록 했습니다. 신약에서 하나님은 예수님을 온 인류를 구원할 속죄양으로 십자가에 드려 오늘날 지금 우리에게까지 구원이 미치도록 하셨습니다.

오늘 말씀에서도 하나님의 구원은 일관된 메시지로 신구약 모두를 관통하고 있는 것을 볼 수 있습니다. 창세기에서 하나님은 꿈꾸는 자, 꿈을 해석하는 자 요셉을 통해 바로의 꿈을 해석하고 장차 애굽에 있을 대기근으로부터 애굽 백성들과 나아가 이스라엘 백성들을 구원하십니다. 마가복음에서 예수님은 구약에 계시된 것처럼 새끼 나귀를 타고 예루살렘 성으로 구원자로 입성하십니다. 욥기에서도 하나님은 그 자녀를 매 순간 마음에 두시고 순간마다 단련시키셔서 마침내 고난과 고통으로부터 구원하시는 것을 욥의 입을 통해 이야기하게 하십니다. 로마서에서 사도 바울은 하나님이 자기 백성을 버리지 아니하시고 택하심을 입은 자들을 구원하실 것임을 이야기하고 있습니다. 복음이 이방인에게 전파된 것도 하나님께서 이스라엘로 시기하게 하여 이스라엘도 구원하려 하심이라고 바울은 이야기합니다. 그리하여 온 이스라엘이 구원을 받으리라고 이야기합니다,

우리 하나님은 구약 시대에나 신약 시대에나 우리를 고난 중에 단련시키시고, 고난 가운데 우리가 부르짖는 기도를 들으시며, 우리를 구원하시는 구원의 하나님이십니다.

말씀묵상

하나님은 성도들을 은혜로 이 땅에 남겨 두셨습니다. 하나님은 결코 택하신 성도를 버리지 않으십니다. 성도는 긍휼을 베푸시는 하나님을 바라보며 간구함으로 나아가야 합니다.

말씀적용 오늘의 감사

말씀적용

오늘의 감사

믿음으로 감사

소망으로 감사

사랑으로 감사

말씀암송

막 11:9 앞에서 가고 뒤에서 따르는 자들이 소리 지르되 □□□ 찬송하리로다 주의 이름으로 오시는 이여

말씀기도

❶ 저를 이 시대를 위해 남겨진 자로 사용하여 주소서.
❷ 늘 기도하며 깨어 있게 하시고, 주님과 동행하는 삶을 날마다 경험하게 하여 주소서.
❸ 저에게 주신 하나님의 사랑과 은혜를 만나는 사람들에게 나누어 줄 수 있도록 사랑을 실천하는 사람으로 세워주소서.

말씀배경 지식

예수님은 기도의 원칙에 대해서 가르치신다. 기도는 믿음을 가지고 소망과 신념으로써 용서와 사랑을 기반으로 하여 인격적인 하나님과 친밀히 대화해야 한다는 것이다.

40 일차/365

꿈의 성취

2월 9일

창세기 42장 | 마가복음 12장 | 욥기 8장 | 로마서 12장

말씀 연결 걸림돌과 도전 (창 42, 막 12)

창세기 42장 | 꿈의 성취와 걸림돌

42:4 야곱이 요셉의 아우 베냐민은 그의 형들과 함께 보내지 아니하였으니 이는 그의 생각에 재난이 그에게 미칠까 두려워함이었더라

42:5 이스라엘의 아들들이 양식 사러 간 자 중에 있으니 가나안 땅에 기근이 있음이라

42:15 너희는 이같이 하여 너희 진실함을 증명할 것이라 바로의 생명으로 맹세하노니 너희 막내 아우가 여기 오지 아니하면 너희가 여기서 나가지 못하리라

42:18 사흘 만에 요셉이 그들에게 이르되 나는 하나님을 경외하노니 너희는 이같이 하여 생명을 보전하라

42:24 요셉이 그들을 떠나가서 울고 다시 돌아와서 그들과 말하다가 그들 중에서 시므온을 끌어내어 그들의 눈 앞에서 결박하고

42:38 야곱이 이르되 내 아들은 너희와 함께 내려가지 못하리니 그의 형은 죽고 그만 남았음이라 만일 너희가 가는 길에서 재난이 그에게 미치면 너희가 내 흰 머리를 슬퍼하며 스올로 내려가게 함이 되리라

마가복음 12장 | 하나님 나라의 꿈에 도전

12:13 그들이 예수의 말씀을 책잡으려 하여 바리새인과 헤롯당 중에서 사람을 보내매

12:25 사람이 죽은 자 가운데서 살아날 때에는 장가도 아니 가고 시집도 아니 가고 하늘에 있는 천사들과 같으니라

12:28 서기관 중 한 사람이 그들이 변론하는 것을 듣고 예수께서 잘 대답하신 줄을 알고 나아와 묻되 모든 계명 중에 첫째가 무엇이니이까

12:29 예수께서 대답하시되 첫째는 이것이니 이스라엘아 들으라 주 곧 우리 하나님은 유일한 주시라

12:30 네 마음을 다하고 목숨을 다하고 뜻을 다하고 힘을 다하여 주 너의 하나님을 사랑하라 하신 것이요

12:36 다윗이 성령에 감동되어 친히 말하되 주께서 내 주께 이르시되 내가 네 원수를 네 발 아래에 둘 때까지 내 우편에 앉았으라 하셨도다 하였느니라

오늘의 찬양
찬송가 347장 | 허락하신 새 땅에

맥체인성경365
246p

말씀 연결 꿈과 비전의 성취 (욥 8, 롬 12)

욥기 8장 | 꿈의 성취를 위한 자세

8:2 네가 어느 때까지 이런 말을 하겠으며 어느 때까지 네 입의 말이 거센 바람
과 같겠는가

8:9 (우리는 어제부터 있었을 뿐이라 우리는 아는 것이 없으며 세상에 있는 날이
그림자와 같으니라)

8:14 그가 믿는 것이 끊어지고 그가 의지하는 것이 거미줄 같은즉

8:17 그 뿌리가 돌무더기에 서리어서 돌 가운데로 들어갔을지라도

로마서 12장 | 하나님 나라와 비전 성취와의 관계

12:1 그러므로 형제들아 내가 하나님의 모든 자비하심으로 너희를 권하노니 너희
몸을 하나님이 기뻐하시는 거룩한 산 제물로 드리라 이는 너희가 드릴 영적 예배니
라

12:7 혹 섬기는 일이면 섬기는 일로, 혹 가르치는 자면 가르치는 일로,

12:9 사랑에는 거짓이 없나니 악을 미워하고 선에 속하라

12:11 부지런하여 게으르지 말고 열심을 품고 주를 섬기라

더 깊은 묵상

하나님이 주신 꿈은 반드시 이루어집니다. 하나님은 요셉이 어릴 적 꾸었던 그 꿈을 이뤄 주셨습니다. 요셉의 형들은 요셉을 시기하고 미워하여 노예로 팔아 버렸지만, "요셉이 나라의 총리로서 그 땅 모든 백성에게 곡식을 팔더니 요셉의 형들이 와서 그 앞에서 땅에 엎드려 절하매"(창 42:6)라는 장면이 등장합니다. 요셉이 꾸었던 꿈이 실제로 이루어진 것입니다.

예수님은 말씀을 통해 예수님이 꿈꾸는 하나님 나라가 어떤 나라인가를 보여주십니다. 마가복음 12장 29-31절은 구약과 신약을 관통하는 핵심 메시지입니다. 모든 계명의 대집성이요, 예수님이 꿈꾸시는 하나님 나라의 모습이며, 하나님의 자녀들에게 주시는 대사명입니다. 구약에서 수없이 하나님 자신이 직접 말씀하시고, 수많은 선지자들 통해서 들려주셨던 그 말씀. 그리고 예수님의 3년 반 공생애를 단 한마디로 요약하자면 바로 이 말씀입니다.

"네 마음을 다하고 목숨을 다하고 뜻을 다하고 힘을 다하여 주 너의 하나님을 사랑하라"(막 12:30), "네 이웃을 네 자신과 같이 사랑하라"(막 12:31). 이보다 더 큰 계명은 없습니다. 이것은 예수님이 직접 하신 말씀입니다.

말씀묵상

꿈 앞에 걸림돌도 있습니다. 그러나 그 걸림돌은 믿음으로 넘어가야 할 것들입니다. 하나님은 반드시 주신 꿈을 이루어 가십니다. 삶을 청결하고 정직함으로 하나님께 드리면 그 꿈의 성취가 한 발 앞으로 다가올 것입니다.

말씀적용 오늘의 감사

말씀적용

오늘의 감사

믿음으로 감사

소망으로 감사

사랑으로 감사

말씀암송

롬 12:1 그러므로 형제들아 내가 하나님의 모든 자비하
심으로 너희를 권하노니 너희 [ ]을 하나님이 기뻐하시는
거룩한 [ ] [ ][ ]로 드리라 이는 너희가 드릴 [ ][ ]
[ ][ ]니라

말씀기도

❶ 우리에게 꿈과 그 꿈을 성취하는 능력과 힘을 주셔서 주신 꿈의 성취를 위해 달려가게 하옵소서.
❷ 제 모든 것을 바쳐 하나님을 사랑할 수 있게 제 마음을 붙들어 주소서.
❸ 예수님이 저를 사랑하듯 저도 제 이웃을 사랑할 수 있도록 저를 도와주소서.

말씀배경 지식

로마서 12장에서 '숯불을 머리에 쌓다'는 말은 원수를 갚는 일을 하나님께 맡기고 원수에게 적극적으로 선행을 베풂으로서 원수가 마치 머리에 숯불을 이고 있는 것과 같은 뜨거운 수치심과 심적 갈등을 느껴 회개할 수 있게 하라는 의미이다. 예수께서 가르치신 대로 적극적 자세로 원수를 사랑하라는 강도 높은 권면이다.

41 일차/365 씨의 보존

2월 10일

창세기 43장 | 마가복음 13장 | 욥기 9장 | 로마서 13장

말씀 연결 씨의 보존과 삶의 자세 (창 43, 막 13)

창세기 43장 | 씨의 보존을 위한 유다의 헌신

43:2 그들이 애굽에서 가져온 곡식을 다 먹으매 그 아버지가 그들에게 이르되
다시 가서 우리를 위하여 양식을 조금 사오라

43:3 유다가 아버지에게 말하여 이르되 그 사람이 우리에게 엄히 경고하여 이르
되 너희 아우가 너희와 함께 오지 아니하면 너희가 내 얼굴을 보지 못하리라 하
였으니

43:14 전능하신 하나님께서 그 사람 앞에서 너희에게 은혜를 베푸사 그 사람으
로 너희 다른 형제와 베냐민을 돌려보내게 하시기를 원하노라 내가 자식을 잃게
되면 잃으리로다

43:24 그들을 요셉의 집으로 인도하고 물을 주어 발을 씻게 하며 그들의 나귀에
게 먹이를 주더라

43:25 그들이 거기서 음식을 먹겠다 함을 들었으므로 예물을 정돈하고 요셉이
정오에 오기를 기다리더니

43:34 요셉이 자기 음식을 그들에게 주되 베냐민에게는 다른 사람보다 다섯 배
나 주매 그들이 마시며 요셉과 함께 즐거워하였더라

마가복음 13장 | 구원을 위한 삶의 자세

13:9 너희는 스스로 조심하라 사람들이 너희를 공회에 넘겨 주겠고 너희를 회
당에서 매질하겠으며 나로 말미암아 너희가 권력자들과 임금들 앞에 서리니 이
는 그들에게 증거가 되려 함이라

13:14 멸망의 가증한 것이 서지 못할 곳에 선 것을 보거든 (읽는 자는 깨달을진
저) 그 때에 유대에 있는 자들은 산으로 도망할지어다

13:15 지붕 위에 있는 자는 내려가지도 말고 집에 있는 무엇을 가지러 들어가지
도 말며

13:16 밭에 있는 자는 겉옷을 가지러 뒤로 돌이키지 말지어다

13:22 거짓 그리스도들과 거짓 선지자들이 일어나서 이적과 기사를 행하여 할
수만 있으면 택하신 자들을 미혹하려 하리라

13:25 별들이 하늘에서 떨어지며 하늘에 있는 권능들이 흔들리리라

말씀 연결 주권자 하나님과 권위에 순종 (욥 9, 롬 13)

욥기 9장 | 씨를 보존하시는 주권자 하나님

9:3 사람이 하나님께 변론하기를 좋아할지라도 천 마디에 한 마디도 대답하지 못하리라

9:15 가령 내가 의로울지라도 대답하지 못하겠고 나를 심판하실 그에게 간구할 뿐이며

9:21 나는 온전하다마는 내가 나를 돌아보지 아니하고 내 생명을 천히 여기는구나

9:25 나의 날이 경주자보다 빨리 사라져 버리니 복을 볼 수 없구나

9:34 주께서 그의 막대기를 내게서 떠나게 하시고 그의 위엄이 나를 두렵게 하지 아니하시기를 원하노라

로마서 13장 | 권위에 순종함과 선을 행함

13:5 그러므로 복종하지 아니할 수 없으니 진노 때문에 할 것이 아니라 양심을 따라 할 것이라

13:12 밤이 깊고 낮이 가까웠으니 그러므로 우리가 어둠의 일을 벗고 빛의 갑옷을 입자

13:14 오직 주 예수 그리스도로 옷 입고 정욕을 위하여 육신의 일을 도모하지 말라

더 깊은 묵상

오늘 말씀은 구원을 위한 삶의 자세에 대해 여러 가지 모습으로 우리에게 말씀합니다. 창세기에서는 막내동생 베냐민을 구원하기 위해서 스스로 자신을 담보로 내어놓은 유다의 헌신된 모습을 보여주고 있습니다. 이것이 믿는 사람들의 표상입니다. 다른 사람을 구원하기 위해서는 자신의 목숨도 내어놓을 줄 아는 자세가 바로 구원받은 자의 자세입니다.

오늘날도 마찬가지입니다. 예수님을 믿는다는 것은 여러 가지 불이익과 핍박과 미움을 받는다는 뜻입니다. 혹시라도 예수님을 믿으면서 지금까지 아무런 불이익, 핍박, 미움도 받지 않고 살아왔다면 내가 과연 예수님 앞에 바른 삶을 살아왔는가 스스로 돌아보아야 할 것입니다. 여기에 대해 예수님은 "너희가 내 이름으로 말미암아 모든 사람에게 미움을 받을 것이나 끝까지 견디는 자는 구원을 받으리라"(막 13:13)라고 말씀하고 있습니다. 죄악된 세상에서 선하게 살려고 노력할수록 시기와 미움을 받을 수밖에 없습니다.

구원을 위해서는 미움과 핍박을 견뎌야 하고 고난을 견뎌야 합니다. 그 이후에 하나님의 구원하심과 축복하심이 있습니다. 욥의 삶이 그러했습니다. 욥처럼 하나님 앞에 철저하게 무너짐을 경험한 사람이 구원의 기쁨, 회복의 기쁨, 축복의 기쁨을 압니다.

로마서에서는 구원을 위한 삶의 자세를 말씀하고 있습니다. 우리가 만약 사람에게 잘 보이기 위해 선을 행한다면 사람에게서 칭찬을 받을 것입니다. 그러나 사람들이 알아주지 않더라도 그것이 옳은 일이고 당연히 해야 할 일이기 때문에 선을 행한다면 주님으로부터 친히 칭찬을 받을 것이라고 말씀하고 있습니다. 피차 사랑의 빚 외에는 아무 빚도 지지 말아야 합니다. 미움의 빚, 거짓의 빚은 지지 마십시오. 사랑의 빚만 지고 살기에도 우리 인생은 짧습니다.

말씀묵상

어려운 일 앞에 피하는 비겁한 성도가 되지 말고, 유다처럼 위험을 감수하는 돌파하는 믿음을 소유해야 합니다. 믿음은 말씀을 통해 자라납니다. 성도는 말씀을 기준으로 합당한 삶을 살아야 합니다.

말씀적용 오늘의 감사

말씀적용

오늘의 감사

믿음으로 감사

소망으로 감사

사랑으로 감사

말씀암송

욥 9:34 주께서 그의 [ ][ ][ ]를 내게서 떠나게 하시고
그의 [ ][ ]이 나를 두렵게 하지 아니하시기를 원하노라

말씀기도

❶ 주신 말씀의 교훈을 따라 하나님 나라의 씨로서의 합당한 삶을 살게 하시옵소서.
❷ 누군가를 위해 기꺼이 희생하고 헌신할 수 있는 믿음의 사람으로 성숙시켜 주소서.
❸ 예수님처럼 사랑의 사람, 용서의 사람으로 변화시켜 주소서.

말씀배경 지식

욥기 9:13의 라합의 원어는 '폭풍우', '교만'이라는 뜻이다. 바다 괴물, 애굽, 큰 악어, 용 등 하나님과 택한 백성을 대적하는 존재들을 가리킨다.

42 일차 365

계보

2월 11일

창세기 44장 | 마가복음 14장 | 욥기 10장 | 로마서 14장

말씀 연결 영광스런 계보와 수치스런 계보 (창 44, 막 14)

창세기 44장 | 메시야의 영광스런 계보의 시작인 유다의 모습

44:2 또 내 잔 곧 은잔을 그 청년의 자루 아귀에 넣고 그 양식 값 돈도 함께 넣으라 하매 그가 요셉의 명령대로 하고

44:18 유다가 그에게 가까이 가서 이르되 내 주여 원하건대 당신의 종에게 내 주의 귀에 한 말씀을 아뢰게 하소서 주의 종에게 노하지 마소서 주는 바로와 같으심이니이다

44:20 우리가 내 주께 아뢰되 우리에게 아버지가 있으니 노인이요 또 그가 노년에 얻은 아들 청년이 있으니 그의 형은 죽고 그의 어머니가 남긴 것은 그뿐이므로 그의 아버지가 그를 사랑하나이다 하였더니

44:21 주께서 또 종들에게 이르시되 그를 내게로 데리고 내려와서 내가 그를 보게 하라 하시기로

44:30 아버지의 생명과 아이의 생명이 서로 하나로 묶여 있거늘 이제 내가 주의 종 우리 아버지에게 돌아갈 때에 아이가 우리와 함께 가지 아니하면

마가복음 14장 | 기억될 이름 마리아와 수치스런 계보인 가룟 유다의 모습

14:3 예수께서 베다니 나병환자 시몬의 집에서 식사하실 때에 한 여자가 매우 값진 향유 곧 순전한 나드 한 옥합을 가지고 와서 그 옥합을 깨뜨려 예수의 머리에 부으니

14:5 이 향유를 삼백 데나리온 이상에 팔아 가난한 자들에게 줄 수 있었겠도다 하며 그 여자를 책망하는지라

14:12 무교절의 첫날 곧 유월절 양 잡는 날에 제자들이 예수께 여짜오되 우리가 어디로 가서 선생님께서 유월절 음식을 잡수시게 준비하기를 원하시나이까 하매

14:15 그리하면 자리를 펴고 준비한 큰 다락방을 보이리니 거기서 우리를 위하여 준비하라 하시니

14:22 그들이 먹을 때에 예수께서 떡을 가지사 축복하시고 떼어 제자들에게 주시며 이르시되 받으라 이것은 내 몸이니라 하시고

14:24 이르시되 이것은 많은 사람을 위하여 흘리는 나의 피 곧 언약의 피니라

오늘의 찬양

찬송가 94장 | 주 예수보다 더 귀한 것은 없네

맥체인성경365
258p

말씀 연결 영을 지키시는 하나님과 성도의 삶 (욥 10, 롬 14)

욥기 10장 | 내 영을 지키시는 하나님

10:3 주께서 주의 손으로 지으신 것을 학대하시며 멸시하시고 악인의 꾀에 빛을
비추시기를 선히 여기시나이까

10:4 주께도 육신의 눈이 있나이까 주께서 사람처럼 보시나이까

10:10 주께서 나를 젖과 같이 쏟으셨으며 엉긴 젖처럼 엉기게 하지 아니하셨나
이까

10:17 주께서 자주자주 증거하는 자를 바꾸어 나를 치시며 나를 향하여 진노를
더하시니 군대가 번갈아서 치는 것 같으니이다

10:21 내가 돌아오지 못할 땅 곧 어둡고 죽음의 그늘진 땅으로 가기 전에 그리하
옵소서

로마서 14장 | 거룩한 계보를 이을 성도의 삶

14:1 믿음이 연약한 자를 너희가 받되 그의 의견을 비판하지 말라

14:10 네가 어찌하여 네 형제를 비판하느냐 어찌하여 네 형제를 업신여기느냐 우
리가 다 하나님의 심판대 앞에 서리라

14:13 그런즉 우리가 다시는 서로 비판하지 말고 도리어 부딪칠 것이나 거칠 것을
형제 앞에 두지 아니하도록 주의하라

14:14 내가 주 예수 안에서 알고 확신하노니 무엇이든지 스스로 속된 것이 없으되
다만 속되게 여기는 그 사람에게는 속되니라

14:16 그러므로 너희의 선한 것이 비방을 받지 않게 하라

14:19 그러므로 우리가 화평의 일과 서로 덕을 세우는 일을 힘쓰나니

14:20 음식으로 말미암아 하나님의 사업을 무너지게 하지 말라 만물이 다 깨끗하
되 거리낌으로 먹는 사람에게는 악한 것이라

더 깊은 묵상

이스라엘의 열두 지파 중 장자나 요셉의 자손이 아니라 유다의 자손에서 메시야이신 예수님의 계보가 시작된다는 것이 우연이 아닙니다. 유다는 다른 형제들이 요셉을 죽이자고 할 때도 형제들을 말려서 요셉의 목숨을 구했습니다. 그리고 이번에는 막내동생을 위하여 자신의 목숨을 대신 담보로 내어놓습니다. 유다의 이런 모습에서 얼핏 먼 훗날 오실 예수님의 모습이 엿보이는 듯합니다. 예수님께서도 모든 사람들의 생명을 귀하게 여기시고, 우리를 대신해 자신의 목숨을 대신 바치셨습니다.

마리아는 예수님의 장례를 위해 귀한 향유를 부음으로 성경에 기록되는 귀한 이름으로 남았고, 가룟 유다는 은화 몇 푼에 예수님을 팔아넘긴 역사의 배신자로 기록되었습니다. 마리아나 가룟 유다나 두 사람 모두 예수님의 말씀을 직접 귀로 듣고, 예수님의 삶을 직접 눈으로 보았던 사람입니다.

그런데 무엇이 이 두 사람의 삶의 결과를 이렇듯 정반대로 만들어 놓았을까요? 그것은 사랑이었습니다. 예수님에 대한 마리아의 사랑은 귀한 향유를 아낌없이 드리는 삶으로 나타났고, 항상 모든 것을 돈으로 계산하고 물질적인 척도가 먼저였던 유다는 이스라엘의 왕으로 오신다고 믿었던 자신의 믿음이 어긋나자 은화 몇 푼에 예수님을 팔아넘기고 맙니다. 우리에게도 이런 마음이 없는지 두려운 마음으로 돌아보아야겠습니다. 모든 일의 기준에 항상 돈이 먼저라면 우리 속에도 가룟 유다가 들어 있을 수 있습니다. 주님 앞에 회개하고 주님의 도우심을 기도해야 합니다.

말씀묵상

믿음의 계보를 이뤄야 합니다. 가룟 유다의 이름은 수치스러운 이름이 되었습니다. 성도는 하나님 앞에 기억될 영광스러운 이름으로 계보를 이어가야 합니다.

말씀적용 오늘의 감사

말씀적용

오늘의 감사

믿음으로 감사

소망으로 감사

사랑으로 감사

말씀배경 지식

겟세마네의 지명의 뜻은 '기름을 짜는 곳'이다. 기드론 시내 건너편에 위치한 감람산 서쪽 기슭으로 예루살렘을 바라보며 있는 동산이다. 감람산에서 나는 감람나무의 기름을 이곳에서 짠 데서 이 지명이 유래되었다. 예수께서는 바로 이곳에서 마지막 십자가 사역을 앞두고 밤새도록 땀을 쏟아 내시면서 하나님께 기도하셨다.

말씀암송

막 14:24 이르시되 이것은 많은 사람을 위하여 흘리는 나의 [ ] 곧 언약의 [ ]니라

말씀기도

❶ 도전하고 돌파하는 온전한 믿음의 삶을 위해 오직 주님만 바라보고 살아가는 삶이 되게 하소서.
❷ 모든 기준이 돈이었던 가룟 유다의 모습이 제게는 없는지 돌아보고 주님 앞에 돌이켜 회개하게 하소서.
❸ 제 안에 의와 평강과 희락이 회복되게 하소서.

43 일차/365

2월 12일

드러나는 하나님의 섭리

창세기 45장 | 마가복음 15장 | 욥기 11장 | 로마서 15장

말씀 연결 하나님과 예수 (창 45, 막 15)

창세기 45장 | 꿈을 성취하시는 하나님

45:5 당신들이 나를 이 곳에 팔았다고 해서 근심하지 마소서 한탄하지 마소서 하나님이 생명을 구원하시려고 나를 당신들보다 먼저 보내셨나이다

45:8 그런즉 나를 이리로 보낸 이는 당신들이 아니요 하나님이시라 하나님이 나를 바로에게 아버지로 삼으시고 그 온 집의 주로 삼으시며 애굽 온 땅의 통치자로 삼으셨나이다

45:16 요셉의 형들이 왔다는 소문이 바로의 궁에 들리매 바로와 그의 신하들이 기뻐하고

45:18 너희 아버지와 너희 가족을 이끌고 내게로 오라 내가 너희에게 애굽의 좋은 땅을 주리니 너희가 나라의 기름진 것을 먹으리라

45:19 이제 명령을 받았으니 이렇게 하라 너희는 애굽 땅에서 수레를 가져다가 너희 자녀와 아내를 태우고 너희 아버지를 모셔 오라

45:20 또 너희의 기구를 아끼지 말라 온 애굽 땅의 좋은 것이 너희 것임이니라

마가복음 15장 | 하나님의 아들이신 예수님

15:2 빌라도가 묻되 네가 유대인의 왕이냐 예수께서 대답하여 이르시되 네 말이 옳도다 하시매

15:13 그들이 다시 소리 지르되 그를 십자가에 못 박게 하소서

15:16 군인들이 예수를 끌고 브라이도리온이라는 뜰 안으로 들어가서 온 군대를 모으고

15:22 예수를 끌고 골고다라 하는 곳(번역하면 해골의 곳)에 이르러

15:23 몰약을 탄 포도주를 주었으나 예수께서 받지 아니하시니라

15:25 때가 제삼시가 되어 십자가에 못 박으니라

15:33 제육시가 되매 온 땅에 어둠이 임하여 제구시까지 계속하더니

15:38 이에 성소 휘장이 위로부터 아래까지 찢어져 둘이 되니라

15:43 아리마대 사람 요셉이 와서 당돌히 빌라도에게 들어가 예수의 시체를 달라 하니 이 사람은 존경 받는 공회원이요 하나님의 나라를 기다리는 자라

오늘의 찬양
찬송가 144장 | 예수 나를 위하여

맥체인성경365
265p

말씀 연결 죄의 치리와 구원 (욥 11, 롬 15)

욥기 11장 | **죄를 치리하시는 하나님**

11:1 나아마 사람 소발이 대답하여 이르되

11:12 허망한 사람은 지각이 없나니 그의 출생함이 들나귀 새끼 같으니라

11:13 만일 네가 마음을 바로 정하고 주를 향하여 손을 들 때에

11:15 그리하면 네가 반드시 흠 없는 얼굴을 들게 되고 굳게 서서 두려움이 없으
리니

로마서 15장 | **궁극적 열방 구원**

15:5 이제 인내와 위로의 하나님이 너희로 그리스도 예수를 본받아 서로 뜻이 같
게 하여 주사

15:6 한마음과 한 입으로 하나님 곧 우리 주 예수 그리스도의 아버지께 영광을 돌
리게 하려 하노라

15:8 내가 말하노니 그리스도께서 하나님의 진실하심을 위하여 할례의 추종자가
되셨으니 이는 조상들에게 주신 약속들을 견고하게 하시고

15:14 내 형제들아 너희가 스스로 선함이 가득하고 모든 지식이 차서 능히 서로
권하는 자임을 나도 확신하노라

15:16 이 은혜는 곧 나로 이방인을 위하여 그리스도 예수의 일꾼이 되어 하나님의
복음의 제사장 직분을 하게 하사 이방인을 제물로 드리는 것이 성령 안에서 거룩
하게 되어 받으실 만하게 하려 하심이라

15:17 그러므로 내가 그리스도 예수 안에서 하나님의 일에 대하여 자랑하는 것이
있거니와

15:19 표적과 기사의 능력으로 성령의 능력으로 이루어졌으며 그리하여 내가 예루
살렘으로부터 두루 행하여 일루리곤까지 그리스도의 복음을 편만하게 전하였노라

15:23 이제는 이 지방에 일할 곳이 없고 또 여러 해 전부터 언제든지 서바나로 갈
때에 너희에게 가기를 바라고 있었으니

15:26 이는 마게도냐와 아가야 사람들이 예루살렘 성도 중 가난한 자들을 위하여
기쁘게 얼마를 연보하였음이라

더 깊은 묵상

어떤 일이 있을 때 그 일의 원인과 주관자가 누구인가 생각하는 것에 따라서 하나님의 사람인지 세상 사람인지가 구분이 됩니다.

요셉이 자신이 겪은 모든 고난의 원인이 자기를 팔아넘긴 형들이라고 생각하고 형들을 처벌하였다면, 이스라엘의 열두 지파도, 오늘날 예수님을 믿게 된 우리도 존재하지 않았을 것입니다. "하나님이 큰 구원으로 당신들의 생명을 보존하고 당신들의 후손을 세상에 두시려고 나를 당신들보다 먼저 보내셨나니 그런즉 나를 이리로 보낸 이는 당신들이 아니요 하나님이시라"(창 45:7-8)라는 요셉의 고백은 요셉의 삶을 관통하는 삶의 원칙이요 중심이었습니다. 요셉은 하나님 중심의 사람이었습니다. 이 위대한 신앙 고백을 가진 요셉을 통해 하나님께서 이스라엘 민족을 수백만에 이르는 하나님의 백성으로 만들어 가신 것입니다.

예수님도 마찬가지였습니다. 사람의 일로 생각한다면 이 세상 누가 죄도 없이 매 맞고 모욕 당하고, 심지어 십자가에 못 박혀 억울하게 처형당하는 일을 그대로 받아들일 수 있겠습니까? 하나님을 원망하고, 분노하고, 회피하고 싶은 것이 사람이라면 당연한 일이었을 것입니다. 그러나 예수님은 사람의 일보다 하나님의 일을 먼저 생각하셨습니다. 예수님이 이 땅에 오신 목적이 우리를 대신해 자신을 속죄양으로 드리는 것이었기에 예수님은 그 길을 피하지 않고 자기 십자가를 지셨습니다. 그래서 이런 예수님의 최후의 모습을 모두 지켜본 백부장은 "이 사람은 진실로 하나님의 아들이었도다"(막 15:39)라고 고백할 수 있었던 것입니다.

말씀묵상

일의 결과가 보이지 않는다고 하나님이 일하지 않으시는 것은 아닙니다. 하나님의 섭리는 드러나게 되어 있습니다. 그때까지 자신 안의 죄를 철저히 처리하며 꿈이 성취되기를 기대해야 합니다.

말씀적용 오늘의 감사

말씀적용

오늘의 감사

믿음으로 감사

소망으로 감사

사랑으로 감사

말씀암송

롬 15:5 이제 인내와 위로의 하나님이 너희로 그리스도
[ ][ ]를 [ ]받아 서로 뜻이 같게 하여 주사

말씀기도

❶ 하나님의 역사하심을 믿고 바라며 나아가는 삶이 되게 하소서.
❷ 하나님 중심으로 생각할 수 있는 생각의 습관, 삶의 습관을 가질 수 있도록 저를 도와주소서.
❸ 예수님을 조금씩이라도 닮아가는 삶을 살 수 있도록 붙들어 주소서.

말씀배경 지식

십자가에 달리신 예수는 행인, 종교 지도자, 군인, 심지어 함께 못 박힌 강도에게까지 조롱과 미움을 당하셨다. 모든 사람에게 미움을 받으신 것이다. 이것은 우리가 그리스도를 온전히 따를 때 당한 조롱과 비난의 모델이다.

44 일차 / 365

2월 13일

씨의 번성을 위한 하나님의 섭리

창세기 46장 | 마가복음 16장 | 욥기 12장 | 로마서 16장

말씀 연결 하나님의 씨의 번성의 명령 (창 46, 막 16)

창세기 46장 | 애굽에 간 하나님 나라의 씨들

46:1 이스라엘이 모든 소유를 이끌고 떠나 브엘세바에 이르러 그의 아버지 이삭의 하나님께 희생제사를 드리니

46:15 이들은 레아가 밧단아람에서 야곱에게 난 자손들이라 그 딸 디나를 합하여 남자와 여자가 삼십삼 명이며

46:18 이들은 라반이 그의 딸 레아에게 준 실바가 야곱에게 낳은 자손들이니 모두 십육 명이라

46:22 이들은 라헬이 야곱에게 낳은 자손들이니 모두 십사 명이요

46:25 이들은 라반이 그의 딸 라헬에게 준 빌하가 야곱에게 낳은 자손들이니 모두 칠 명이라

46:27 애굽에서 요셉이 낳은 아들은 두 명이니 야곱의 집 사람으로 애굽에 이른 자가 모두 칠십 명이었더라

46:29 요셉이 그의 수레를 갖추고 고센으로 올라가서 그의 아버지 이스라엘을 맞으며 그에게 보이고 그의 목을 어긋맞춰 안고 얼마 동안 울매

마가복음 16장 | 씨의 번성을 위한 명령

16:1 안식일이 지나매 막달라 마리아와 야고보의 어머니 마리아와 또 살로메가 가서 예수께 바르기 위하여 향품을 사다 두었다가

16:2 안식 후 첫날 매우 일찍이 해 돋을 때에 그 무덤으로 가며

16:8 여자들이 몹시 놀라 떨며 나와 무덤에서 도망하고 무서워하여 아무에게 아무 말도 하지 못하더라

16:17 믿는 자들에게는 이런 표적이 따르리니 곧 그들이 내 이름으로 귀신을 쫓아내며 새 방언을 말하며

16:19 주 예수께서 말씀을 마치신 후에 하늘로 올려지사 하나님 우편에 앉으시니라

오늘의 찬양
찬송가 220장 | 사랑하는 주님 앞에

맥체인성경365
271p

말씀 연결 권능과 열매 (욥 12, 롬 16)

욥기 12장 | 하나님의 권능

12:2 너희만 참으로 백성이로구나 너희가 죽으면 지혜도 죽겠구나

12:5 평안한 자의 마음은 재앙을 멸시하나 재앙이 실족하는 자를 기다리는구나

12:7 이제 모든 짐승에게 물어 보라 그것들이 네게 가르치리라 공중의 새에게
물어 보라 그것들이 또한 네게 말하리라

12:13 지혜와 권능이 하나님께 있고 계략과 명철도 그에게 속하였나니

12:18 왕들이 맨 것을 풀어 그들의 허리를 동이시며

12:21 귀인들에게 멸시를 쏟으시며 강한 자의 띠를 푸시며

로마서 16장 | 바울을 통한 씨의 열매들

16:1 내가 겐그레아 교회의 일꾼으로 있는 우리 자매 뵈뵈를 너희에게 추천하노니

16:3 너희는 그리스도 예수 안에서 나의 동역자들인 브리스가와 아굴라에게 문안
하라

16:10 그리스도 안에서 인정함을 받은 아벨레에게 문안하라 아리스도불로의 권속
에게 문안하라

16:22 이 편지를 기록하는 나 더디오도 주 안에서 너희에게 문안하노라

16:23 나와 온 교회를 돌보아 주는 가이오도 너희에게 문안하고 이 성의 재무관 에
라스도와 형제 구아도도 너희에게 문안하느니라

16:25 나의 복음과 예수 그리스도를 전파함은 영세 전부터 감추어졌다가

더 깊은 묵상

야곱의 자손들로서 애굽으로 내려간 사람들은 모두 칠십 명이었습니다. 이 칠십 명으로 하나님은 이스라엘을 큰 민족으로 번성하도록 역사하여 주십니다. 자신이 살던 기반을 떠나 낯선 곳으로 삶의 터전을 옮긴다는 것은 쉬운 일이 아닙니다. 아브라함이 갈대아 우르를 떠난 것처럼 하나님은 야곱과 그 아들들에게 애굽으로 내려가라고 말씀하십니다. 야곱의 가족들이 애굽으로 내려갈 때 하나님도 함께 내려가시고, 먼 훗날 반드시 이스라엘을 인도하여 다시 가나안 땅으로 올라올 것이라고 약속하십니다. 하나님이 함께 내려가시고 함께 올라오신다는 약속, 얼마나 멋진 약속입니까. 그리고 하나님은 그 약속을 신실하게 지키셨다는 것은 우리 모두가 잘 알고 있는 사실입니다.

야곱의 가족들에게 이방 민족인 애굽으로 내려가 살면 큰 민족을 이루시겠다고 말씀하시는 하나님께서 하나님 나라의 복음을 이스라엘 민족에게 국한하지 말고 이방 민족들, 천하 만민에게 전파하라고 말씀하십니다.

구약에서 이스라엘 민족을 하나님의 백성으로 삼으시겠다는 하나님의 약속이 성취된 것은 우리 모두가 잘 아는 일입니다. 신약에서 모든 민족으로 하나님의 백성을 삼겠다는 하나님의 약속은 아직 완전히 성취되지 못했습니다. 그 약속을 성취할 의무가 오늘 우리에게 있습니다. 요셉과 야곱이 하나님의 원대한 계획 속에 하나님의 도구, 하나님의 사람으로 사용되었듯 오늘날 우리에게 하나님은 모든 민족을 구원할 하나님의 위대한 구원 계획에 우리를 도구, 하나님의 사도로 삼으시겠다고 지금 우리를 부르고 계시고 있습니다.

말씀묵상

하나님의 명령에 순종하십니까? 하나님 나라를 이루어 가기 위해서는 왕이신 하나님의 명령에 순종해야 합니다. 특히 "너희는 온 천하에 다니며 만민에게 복음을 전파하라"(막 16:15)라는 명령에 순종해야 합니다.

말씀적용 오늘의 감사

말씀적용

오늘의 감사

믿음으로 감사

소망으로 감사

사랑으로 감사

말씀암송

막 16:19 주 예수께서 말씀을 마치신 후에 □□로 올려지사 하나님 □□에 앉으시니라

말씀기도

❶ 저와 동행하여 주시고 제 삶의 길을 인도하여 주소서.
❷ 하나님만을 믿고 의지하며 하나님이 인도하시는 곳으로 따라갈 수 있는 굳건한 믿음을 주옵소서.
❸ 하나님 나라 백성 삼는 일을 위해 하나님의 권능의 능력을 힘입어 할 수 있는 은혜를 베풀어 주옵소서.

말씀배경 지식

로마서에 나오는 대표적인 인물 중에서 아내 브리스가는 로마 출신으로 일명 브리스길라이고, 남편 아굴라는 소아시아 본도 출신의 천막을 제조하는 유대인으로서 로마에서 추방되어 고린도에 거주할 때 바울을 통해 복음을 듣고 바울과 에베소에서 사역한 부부이다. 에베소에서 아볼로에게 복음을 전하였으며 훗날 로마에서 이주하여 교회를 섬겼다.

45 일차 / 365

씨의 보존

2월 14일

창세기 47장 | 누가복음 1장 1-38절 | 욥기 13장 | 고린도전서 1장

말씀 연결 씨를 위한 준비 (창 47, 눅 1:1-38)

창세기 47장 | **씨들이 임시로 거할 땅**

47:2 그의 형들 중 다섯 명을 택하여 바로에게 보이니

47:13 기근이 더욱 심하여 사방에 먹을 것이 없고 애굽 땅과 가나안 땅이 기근으로 황폐하니

47:15 애굽 땅과 가나안 땅에 돈이 떨어진지라 애굽 백성이 다 요셉에게 와서 이르되 돈이 떨어졌사오니 우리에게 먹을 거리를 주소서 어찌 주 앞에서 죽으리이까

47:26 요셉이 애굽 토지법을 세우매 그 오분의 일이 바로에게 상납되나 제사장의 토지는 바로의 소유가 되지 아니하여 오늘날까지 이르니라

47:28 야곱이 애굽 땅에 십칠 년을 거주하였으니 그의 나이가 백사십칠 세라

누가복음 1장 1-38절 | **씨들을 위한 왕의 준비**

1:5 유대 왕 헤롯 때에 아비야 반열에 제사장 한 사람이 있었으니 이름은 사가랴요 그의 아내는 아론의 자손이니 이름은 엘리사벳이라

1:8 마침 사가랴가 그 반열의 차례대로 하나님 앞에서 제사장의 직무를 행할새

1:11 주의 사자가 그에게 나타나 향단 우편에 선지라

1:21 백성들이 사가랴를 기다리며 그가 성전 안에서 지체함을 이상히 여기더라

말씀 연결 씨를 견고하게 함 (욥 13, 고전 1)

욥기 13장 | **씨의 보존을 위한 소원**

13:12 너희의 격언은 재 같은 속담이요 너희가 방어하는 것은 토성이니라

13:14 내가 어찌하여 내 살을 내 이로 물고 내 생명을 내 손에 두겠느냐

13:21 곧 주의 손을 내게 대지 마시오며 주의 위엄으로 나를 두렵게 하지 마실
것이니이다

13:25 주께서 어찌하여 날리는 낙엽을 놀라게 하시며 마른 검불을 뒤쫓으시나
이까

13:27 내 발을 차꼬에 채우시며 나의 모든 길을 살피사 내 발자취를 점검하시나
이다

고린도전서 1장 | **주께서 견고하게 하심**

1:1 하나님의 뜻을 따라 그리스도 예수의 사도로 부르심을 받은 바울과 형제 소스
데네는

1:14 나는 그리스보와 가이오 외에는 너희 중 아무에게도 내가 세례를 베풀지 아
니한 것을 감사하노니

1:16 내가 또한 스데바나 집 사람에게 세례를 베풀었고 그 외에는 다른 누구에게
세례를 베풀었는지 알지 못하노라

1:17 그리스도께서 나를 보내심은 세례를 베풀게 하려 하심이 아니요 오직 복음을
전하게 하려 하심이로되 말의 지혜로 하지 아니함은 그리스도의 십자가가 헛되지
않게 하려 함이라

1:18 십자가의 도가 멸망하는 자들에게는 미련한 것이요 구원을 받는 우리에게는
하나님의 능력이라

1:26 형제들아 너희를 부르심을 보라 육체를 따라 지혜로운 자가 많지 아니하며 능
한 자가 많지 아니하며 문벌 좋은 자가 많지 아니하도다

1:30 너희는 하나님으로부터 나서 그리스도 예수 안에 있고 예수는 하나님으로부
터 나와서 우리에게 지혜와 의로움과 거룩함과 구원함이 되셨으니

더 깊은 묵상

태초에 하나님은 아담과 하와를 창조하시고 그들에게 생육하고 번성하라고 명령하셨습니다. 그러나 첫 사람 아담은 하나님 앞에 죄를 지었고, 그 결과 에덴동산에서 쫓겨나 땀 흘려 수고하는 생업을 통해 일용할 양식을 구해야만 했습니다. 이제 다시 하나님은 애굽 땅 고센에서 이스라엘 백성들에게 같은 명령을 내리십니다. 그리고 하나님은 생육하고 번성한 이스라엘 민족을 위해 약속의 땅 가나안 땅으로 인도하실 계획을 마음에 품으셨습니다. 첫 사람 아담이 실패했다고 하나님은 우리를 포기하지 않으셨고, 이스라엘 민족을 하나님의 백성으로 택하여 자기 백성으로 만들어 가십니다.

그러나 안타깝게도 우리는 먼 훗날에 벌어졌던 일을 알고 있습니다. 출애굽을 통해 가나안 땅으로 들어갔던 이스라엘 백성들은 안정과 번영에 취해 하나님을 배신하고 이방 신들을 숭기며 온갖 압제와 악행을 거듭하다 결국 멸망하여 바벨론으로 포로로 끌려가 버리는 신세가 되었습니다. 그러나 우리를 향한 하나님의 구원 계획은 중단되지 않습니다. 예수님이 십자가에 못 박히심으로 우리가 구원을 얻었습니다.

하나님의 구원 계획은 아직 끝난 것이 아닙니다. 아직도 세상에는 구원의 복음을 알지 못하는 사람들이 너무나 많습니다. 그들을 위해 하나님은 지금 나를 보내려 하십니다. 그렇습니다. 하나님의 구원 계획을 완성할 사람은 바로 우리들입니다. 다른 누구도 아니라 바로 나 자신입니다.

말씀묵상

성도는 주를 위하여 세움 받은 자들입니다. 하나님은 세움 받은 성도들이 거주할 땅(영역)을 약속하셨습니다. 성도를 견고하게 하시는 하나님을 기대하며 영역 가운데서 빛과 소금이 되어야 합니다.

말씀적용 오늘의 감사

말씀적용

오늘의 감사

믿음으로 감사

소망으로 감사

사랑으로 감사

말씀암송

고전 1:18 십자가의 [ ]가 멸망하는 자들에게는 미련한 것이요 [ ][ ]을 받는 우리에게는 하나님의 [ ][ ]이라

말씀기도

❶ 하나님의 원대한 계획 속에서 저를 불러 구원하여 주신 주님의 은혜를 감사하게 하소서.
❷ 주님의 구원 계획 가운데 저를 사용하여 주옵소서.
❸ 주님의 온전한 씨로서의 사명을 감당할 수 있게 하소서.

말씀배경 지식

세례 요한의 이름의 뜻은 '여호와는 은혜로우심'이다. 제사장 사가랴와 아론가의 자손 엘리사벳을 통해 유다의 한 성읍에서 태어났다. 예수 그리스도의 길을 예비한 광야의 선구자로 유다 광야에서 거주하면서 낙타 털옷을 입고 메뚜기와 석청을 먹으며 사역하였다. 제사장 가문에서 출생하여 율법을 잘 알았고, 광야에서 회개의 메시지를 선포하였으며, 요단강에서 세례를 베풀었다. 당시 동생의 아내 헤로디아를 빼앗아 아내를 삼은 갈릴리 분봉왕 헤롯 안디바의 죄악상을 책망하다가 투옥되어 결국 참수형을 당하였다.

46 일차/365

2월 15일

씨의 번성

창세기 48장 | 누가복음 1장 39-80절 | 욥기 14장 | 고린도전서 2장

말씀 연결 씨의 번성과 성장 (창 48, 눅 1:39-80)

창세기 48장 | 씨의 번성을 약속하시는 하나님

48:5 내가 애굽으로 와서 네게 이르기 전에 애굽에서 네가 낳은 두 아들 에브라
임과 므낫세는 내 것이라 르우벤과 시므온처럼 내 것이 될 것이요

48:13 오른손으로는 에브라임을 이스라엘의 왼손을 향하게 하고 왼손으로는 므
낫세를 이스라엘의 오른손을 향하게 하여 이끌어 그에게 가까이 나아가매

48:15 그가 요셉을 위하여 축복하여 이르되 내 조부 아브라함과 아버지 이삭이
섬기던 하나님, 나의 출생으로부터 지금까지 나를 기르신 하나님,

48:16 나를 모든 환난에서 건지신 여호와의 사자께서 이 아이들에게 복을 주시
오며 이들로 내 이름과 내 조상 아브라함과 이삭의 이름으로 칭하게 하시오며 이
들이 세상에서 번식되게 하시기를 원하나이다

누가복음 1장 39-80절 | 약속한 씨의 성장

1:48 그의 여종의 비천함을 돌보셨음이라 보라 이제 후로는 만세에 나를 복이
있다 일컬으리로다

1:59 팔 일이 되매 아이를 할례하러 와서 그 아버지의 이름을 따라 사가랴라 하
고자 하더니

1:63 그가 서판을 달라 하여 그 이름을 요한이라 쓰매 다 놀랍게 여기더라

오늘의 찬양
찬송가 179장 | 주 예수의 강림이

맥체인성경365
282p

말씀 연결 주권과 성령 (욥 14, 고전 2)

욥기 14장 | 씨의 주권자 하나님

14:1 여인에게서 태어난 사람은 생애가 짧고 걱정이 가득하며

14:2 그는 꽃과 같이 자라나서 시들며 그림자 같이 지나가며 머물지 아니하거늘

14:4 누가 깨끗한 것을 더러운 것 가운데에서 낼 수 있으리이까 하나도 없나이
다

14:17 주는 내 허물을 주머니에 봉하시고 내 죄악을 싸매시나이다

14:20 주께서 사람을 영원히 이기셔서 떠나게 하시며 그의 얼굴 빛을 변하게 하
시고 쫓아보내시오니

고린도전서 2장 | 성령과 함께하는 씨들

2:6 그러나 우리가 온전한 자들 중에서는 지혜를 말하노니 이는 이 세상의 지혜가
아니요 또 이 세상에서 없어질 통치자들의 지혜도 아니요

2:9 기록된 바 하나님이 자기를 사랑하는 자들을 위하여 예비하신 모든 것은 눈으
로 보지 못하고 귀로 듣지 못하고 사람의 마음으로 생각하지도 못하였다 함과 같으
니라

2:10 오직 하나님이 성령으로 이것을 우리에게 보이셨으니 성령은 모든 것 곧 하나
님의 깊은 것까지도 통달하시느니라

더 깊은 묵상

오늘의 말씀은 생육하고 번성하고 성장하는 모습들을 이야기하는 말씀들이 중심을 이루고 있습니다. 나이들은 야곱은 요셉과 그 아들들을 불러 축복기도를 합니다. 그러면서 야곱은 요셉에게 "내가 너로 생육하고 번성하게 하여 네게서 많은 백성이 나게 하고 내가 이 땅을 네 후손에게 주어 영원한 소유가 되게 하리라"라고 약속하셨던 하나님의 말씀을 상기시킵니다. 이렇듯 생육하고 번성하는 하나님의 약속이자 하나님의 축복은 요셉과 그 아들들을 통해서 성취되어 가고 있습니다.

누가복음에서는 하나님의 아들인 예수님의 탄생과 하나님의 말씀에 믿고 순종한 어머니 마리아의 믿음에 대한 축복이 이어집니다. 그리고 동정녀 마리아를 통해 이 땅에 오신 예수님은 성장하는 가운데 하나님 나라의 구원의 완성을 준비하십니다.

공교롭게도 욥기에서도 사람의 탄생과 죽음에 대해 말씀하고 있습니다. 우리가 이 땅에 태어나는 것도 죽는 것도 모두 하나님의 주권, 하나님의 섭리 안에 있다는 것입니다. 욥의 이야기를 통해 우리가 살아가는 인생이 태어나서 죽을 때까지 고난의 연속이며 걱정과 근심이 가득하여 예수님을 통한 구원이 꼭 필요하다는 것을 보여주고 있습니다.

그리고 고린도전서는 하나님의 복음이 전파되는 일은 인간의 지혜나 말이 아니라 성령의 나타나심과 능력을 통해 이루어지는 것임을 가르쳐 주고 있습니다. 지금 우리가 성령님의 임재와 능력을 구해야 하는 까닭입니다.

말씀묵상

하나님 나라의 씨는 계속해서 성장을 이룹니다. 어린아이와 같은 신앙을 버리고 예수 그리스도의 장성한 분량이 충만한데에 이르러야 합니다. 영육으로 성장하기 위해 성령과 함께 동행해야 합니다.

말씀적용 오늘의 감사

말씀적용

오늘의 감사

믿음으로 감사

소망으로 감사

사랑으로 감사

말씀암송

고전 2:10 오직 하나님이 [ ][ ]으로 이것을 우리에게 보이셨으니 [ ][ ]은 모든 것 곧 하나님의 깊은 것까지도 통달하시느니라

말씀기도

❶ 제 마음의 소원을 아시오니 저의 기도를 들으시고, 제 삶의 어려움 속에서 저를 건져주옵소서.
❷ 우리의 모든 삶을 주관하시고 영육간에 성장과 성숙을 이루게 하소서.
❸ 씨의 번성과 복음 전파를 위해 성령 하나님과 동행하는 삶을 살게 하소서.

말씀배경 지식

사가랴의 찬가는 '복이 있도다'라는 뜻의 라틴어 첫 단어를 따라 베네딕투스로 알려져 있다. 하나님께서 이스라엘을 해방시키기 위해 보내실 메시야의 오심을 선포한다. 다윗의 자손으로서 메시야는 왕이 될 것이고, 이스라엘의 원수들을 물리칠 것이다. 이로써 하나님의 백성은 오는 시대에 영원히 하나님을 자유롭게 섬길 것이다.

47 일차 365

2월 16일

하나님 나라의 준비 완료

창세기 49장 | 누가복음 2장 | 욥기 15장 | 고린도전서 3장

말씀 연결 땅과 성취 (창 49, 눅 2)

창세기 49장 | 하나님 나라 씨와 땅의 준비 완료

49:1 야곱이 그 아들들을 불러 이르되 너희는 모이라 너희가 후일에 당할 일을 내가 너희에게 이르리라

49:8 유다야 너는 네 형제의 찬송이 될지라 네 손이 네 원수의 목을 잡을 것이요 네 아버지의 아들들이 네 앞에 절하리로다

49:10 규가 유다를 떠나지 아니하며 통치자의 지팡이가 그 발 사이에서 떠나지 아니하기를 실로가 오시기까지 이르리니 그에게 모든 백성이 복종하리로다

49:14 잇사갈은 양의 우리 사이에 꿇어앉은 건장한 나귀로다

49:17 단은 길섶의 뱀이요 샛길의 독사로다 말굽을 물어서 그 탄 자를 뒤로 떨어지게 하리로다

49:19 갓은 군대의 추격을 받으나 도리어 그 뒤를 추격하리로다

49:26 네 아버지의 축복이 내 선조의 축복보다 나아서 영원한 산이 한 없음 같이 이 축복이 요셉의 머리로 돌아오며 그 형제 중 뛰어난 자의 정수리로 돌아오리로다

누가복음 2장 | 왕에 대한 약속의 성취

2:2 이 호적은 구레뇨가 수리아 총독이 되었을 때에 처음 한 것이라

2:11 오늘 다윗의 동네에 너희를 위하여 구주가 나셨으니 곧 그리스도 주시니라

2:22 모세의 법대로 정결예식의 날이 차매 아기를 데리고 예루살렘에 올라가니

2:24 또 주의 율법에 말씀하신 대로 산비둘기 한 쌍이나 혹은 어린 집비둘기 둘로 제사하려 함이더라

2:25 예루살렘에 시므온이라 하는 사람이 있으니 이 사람은 의롭고 경건하여 이스라엘의 위로를 기다리는 자라 성령이 그 위에 계시더라

2:29 주재여 이제는 말씀하신 대로 종을 평안히 놓아 주시는도다

2:36 또 아셀 지파 바누엘의 딸 안나라 하는 선지자가 있어 나이가 매우 많았더라 그가 결혼한 후 일곱 해 동안 남편과 함께 살다가

2:41 그의 부모가 해마다 유월절이 되면 예루살렘으로 가더니

오늘의 찬양
찬송가 447장 | 이 세상 끝날까지

맥체인성경365
286p

말씀 연결 성결 (욥 15, 고전 3)

욥기 15장 | 땅의 성결

15:2 지혜로운 자가 어찌 헛된 지식으로 대답하겠느냐 어찌 동풍을 그의 복부에
채우겠느냐

15:5 네 죄악이 네 입을 가르치나니 네가 간사한 자의 혀를 좋아하는구나

15:10 우리 중에는 머리가 흰 사람도 있고 연로한 사람도 있고 네 아버지보다 나
이가 많은 사람도 있느니라

15:12 어찌하여 네 마음에 불만스러워하며 네 눈을 번뜩거리며

15:15 하나님은 거룩한 자들을 믿지 아니하시나니 하늘이라도 그가 보시기에
부정하거든

15:26 그는 목을 세우고 방패를 들고 하나님께 달려드니

15:28 그는 황폐한 성읍, 사람이 살지 아니하는 집, 돌무더기가 될 곳에 거주하
였음이니라

15:30 어두운 곳을 떠나지 못하리니 불꽃이 그의 가지를 말릴 것이라 하나님의
입김으로 그가 불려가리라

15:31 그가 스스로 속아 허무한 것을 믿지 아니할 것은 허무한 것이 그의 보응이
될 것임이라

고린도전서 3장 | 씨의 성결

3:2 내가 너희를 젖으로 먹이고 밥으로 아니하였노니 이는 너희가 감당하지 못하
였음이거니와 지금도 못하리라

3:4 어떤 이는 말하되 나는 바울에게라 하고 다른 이는 나는 아볼로에게라 하니 너
희가 육의 사람이 아니리요

3:5 그런즉 아볼로는 무엇이며 바울은 무엇이냐 그들은 주께서 각각 주신 대로 너
희로 하여금 믿게 한 사역자들이니라

3:9 우리는 하나님의 동역자들이요 너희는 하나님의 밭이요 하나님의 집이니라

3:12 만일 누구든지 금이나 은이나 보석이나 나무나 풀이나 짚으로 이 터 위에 세
우면

더 깊은 묵상

창세기에서 야곱은 죽음을 앞두고 자신의 열두 아들들에게 축복기도를 합니다. 그런데 유다에게 주는 야곱의 축복기도가 의미심장합니다. 야곱의 축복기도 속에는 이스라엘의 왕 다윗의 모습과 동시에 먼 훗날 찬송을 받으며 이땅에 오신 예수 그리스도가 보이고 있습니다. 참으로 놀랍고 오묘한 하나님의 원대한 구원 계획이 아닐 수 없습니다. 그리고 누가복음에서는 야곱의 축복기도가 현실로 이루어졌음을 확인해주고 있습니다. 참 놀랍지 않습니까? 하나님의 구원 계획이 말입니다.

욥의 친구인 엘리바스는 두 번째 변론을 통해 욥의 교만함을 꾸짖고 있습니다. 욥 친구의 말은 결코 욥을 위한 말도, 하나님이 주신 말도 아니었습니다. 오히려 욥을 비난하는 친구들의 비판이 죄 없으신 예수 그리스도의 흠을 찾아내고 오로지 비판을 위한 비판으로 일관했던 예수님 당시의 바리새인들과 제사장들처럼 보이는 것은 결코 우연이 아닙니다. 하나님을 빙자해 자신의 잣대로 모든 것을 판단하고 비판했던 바로 그들이 예수님을 십자가에 못 박았던 사람들이니까요.

참으로 두려운 일이 아닐 수 없습니다. 어쩌면 우리가 하나님의 뜻이라고, 하나님의 말씀이라고 이야기하는 그 이야기가 누군가에겐 가슴의 비수가 되고, 사람과 사람 사이를 갈라놓는 칼이 되기도 합니다. 사람을 살리는 말이 아니라 죽이는 말이라면 그것은 결코 하나님의 말씀이 아닐 것입니다.

말씀묵상

우리 몸은 성령이 거하시는 성전입니다. 성전된 몸을 성결하게 유지하며 성장해 가야 합니다. 이를 위해 하나님의 지혜가 필요합니다.

말씀적용 오늘의 감사

말씀적용

오늘의 감사

믿음으로 감사

소망으로 감사

사랑으로 감사

말씀암송

고전 3:9 우리는 하나님의 □□□들이요 너희는 하나님의 □이요 하나님의 □이니라

말씀기도

❶ 우리의 삶이 성령 안에 거하게 하소서.
❷ 하나님의 뜻과 말씀을 마음대로 가져다 쓰는 일이 없도록 제 입술과 마음을 지켜주소서.
❸ 하나님 성전으로서의 마땅한 삶을 살 수 있도록 도와주소서.

말씀배경 지식

유대에서 목자의 지위는 당시 하층민에 속했고, 양을 치는 직업 자체가 천대를 받았다. 하지만 가장 위대한 소식은 바로 이들에게 최초로 전해졌고 목자들이야말로 최초의 복음 전도자였다.

48 일차/365

2월 17일

하나님 나라 씨와 땅의 준비 완료

창세기 50장 | 누가복음 3장 | 욥기 16-17장 | 고린도전서 4장

말씀 연결 하나님 나라 씨와 신약의 하나님 나라 (창 50, 눅 3)

창세기 50장 | 하나님 나라 씨와 땅의 준비 완료

50:15 요셉의 형제들이 그들의 아버지가 죽었음을 보고 말하되 요셉이 혹시 우리를 미워하여 우리가 그에게 행한 모든 악을 다 갚지나 아니할까 하고

50:16 요셉에게 말을 전하여 이르되 당신의 아버지가 돌아가시기 전에 명령하여 이르시기를

50:22 요셉이 그의 아버지의 가족과 함께 애굽에 거주하여 백십 세를 살며

50:23 에브라임의 자손 삼대를 보았으며 므낫세의 아들 마길의 아들들도 요셉의 슬하에서 양육되었더라

50:24 요셉이 그의 형제들에게 이르되 나는 죽을 것이나 하나님이 당신들을 돌보시고 당신들을 이 땅에서 인도하여 내사 아브라함과 이삭과 야곱에게 맹세하신 땅에 이르게 하시리라 하고

50:26 요셉이 백십 세에 죽으매 그들이 그의 몸에 향 재료를 넣고 애굽에서 입관하였더라

누가복음 3장 | 왕의 통치와 신약에서 하나님 나라 씨가 되는 길

3:1 디베료 황제가 통치한 지 열다섯 해 곧 본디오 빌라도가 유대의 총독으로, 헤롯이 갈릴리의 분봉 왕으로, 그 동생 빌립이 이두래와 드라고닛 지방의 분봉 왕으로, 루사니아가 아빌레네의 분봉 왕으로,

3:13 이르되 부과된 것 외에는 거두지 말라 하고

3:14 군인들도 물어 이르되 우리는 무엇을 하리이까 하매 이르되 사람에게서 강탈하지 말며 거짓으로 고발하지 말고 받는 급료를 족한 줄로 알라 하니라

3:17 손에 키를 들고 자기의 타작 마당을 정하게 하사 알곡은 모아 곳간에 들이고 쭉정이는 꺼지지 않는 불에 태우시리라

오늘의 찬양
찬송가 237장 | 저 건너편 강 언덕에

맥체인성경365
292p

말씀 연결 씨의 고난과 확신 (욥 16-17, 고전 4)

욥기 16-17장 | 씨의 고난의 노래

16:2 이런 말은 내가 많이 들었나니 너희는 다 재난을 주는 위로자들이로구나

16:15 내가 굵은 베를 꿰매어 내 피부에 덮고 내 뿔을 티끌에 더럽혔구나

16:18 땅아 내 피를 가리지 말라 나의 부르짖음이 쉴 자리를 잡지 못하게 하라

17:1 나의 기운이 쇠하였으며 나의 날이 다하였고 무덤이 나를 위하여 준비되었
구나

17:9 그러므로 의인은 그 길을 꾸준히 가고 손이 깨끗한 자는 점점 힘을 얻느니
라

고린도전서 4장 | 씨의 확신

4:1 사람이 마땅히 우리를 그리스도의 일꾼이요 하나님의 비밀을 맡은 자로 여길
지어다

4:4 내가 자책할 아무 것도 깨닫지 못하나 이로 말미암아 의롭다 함을 얻지 못하
노라 다만 나를 심판하실 이는 주시니라

4:9 내가 생각하건대 하나님이 사도인 우리를 죽이기로 작정된 자 같이 끄트머리
에 두셨으매 우리는 세계 곧 천사와 사람에게 구경거리가 되었노라

4:11 바로 이 시각까지 우리가 주리고 목마르며 헐벗고 매맞으며 정처가 없고

4:14 내가 너희를 부끄럽게 하려고 이것을 쓰는 것이 아니라 오직 너희를 내 사랑
하는 자녀 같이 권하려 하는 것이라

더 깊은 묵상

야곱과 요셉의 죽음을 통하여 하나님의 백성은 어떻게 사는가, 하나님의 사람은 무엇이 삶의 기준인가 잘 드러납니다. 야곱이 죽자 그 형제들은 자신들이 지은 죄를 기억하고 혹시라도 자신들에게 보복을 할까봐 요셉에게 아버지의 유언을 빙자하여 용서를 구합니다. 그러자 그 말을 들은 요셉은 눈물을 흘립니다. 요셉의 눈물에는 하나님이 인도해오신 일에 대한 추억과 감사도 있었겠지만, 가장 큰 원인은 오래전에 지은 죄를 아직도 잊지 못하고 두려움에 떨며 용서를 구하는 형들에 대한 연민이었을 것입니다. 이미 하나님이 용서하신 일을 스스로 용서하지 못하고 두려움에 사로잡혀 있는 형제들에 대한 불쌍히 여김과 가슴 아픔 말입니다. 그런 형제들에게 요셉은 두려워하지 말라고 말합니다. 이 모든 것은 하나님이 하신 일이라는 것입니다. 이것이 하나님의 사람의 삶의 태도입니다. 또 요셉은 하나님께서 반드시 자기 백성을 출애굽 시킬 것을 확신하며 그 때 자기 해골을 메고 가라며 이스라엘 자손들에게 맹세시킵니다. 하나님에 대한 요셉의 전적인 신뢰를 보여주는 장면입니다. 요셉은 진정한 하나님 나라의 백성이었습니다.

하나님 나라의 백성이 되는 길은 회개에 합당한 열매를 맺는 것입니다(눅 3:8). 하나님께 내 죄를 고백하고 회개하고 돌이킬 뿐만 아니라 삶으로 그 합당한 열매를 맺는 것입니다. 회개했다고 말하면서 여전히 세상적 사고로 생각하고, 여전히 죄악된 행위를 행하며 산다면 그것은 진정한 회개가 아닐 것입니다. 여기에 대해 성경은 "좋은 열매 맺지 아니하는 나무마다 찍혀 불에 던져지리라"(눅 3:9)라고 경고하고 있습니다. 두려운 마음으로 내 삶의 모습들을 돌아보고 죄악된 삶에서 예수님이 말씀하신 공의와 평화, 사랑의 삶으로 삶의 방향을 바꾸어야 하겠습니다.

말씀묵상

하나님은 이 땅에 성도가 살아갈 모든 환경을 준비 완료해 놓으셨습니다. 비록 고난과 핍박이 있을지라도 하나님의 약속을 바라며 나아갈 때, 하나님이 예비하신 하늘의 복들을 누리게 됩니다.

말씀적용 오늘의 감사

말씀적용

오늘의 감사

믿음으로 감사

소망으로 감사

사랑으로 감사

말씀배경 지식

미라 만들기는 시신의 뇌와 내장을 긁어내고 종려나무 즙으로 씻고 향 재료로 채운 다음 꿰맨다. 그리고 그 시신을 7일간 식염수나 탄산소다에 침수시킨 후에 고무 진액 또는 역청으로 온몸을 바르고 일정 기간이 지나면 시신을 씻고 고운 세마포 천으로 감싸 관에 넣는다. 이 작업은 보통 40일이 걸렸으며, 비용은 은 1,500세겔이라는 큰 비용이 들었다.

말씀암송

욥 17:9 그러므로 [ ][ ]은 그 길을 꾸준히 가고 손이 깨끗한 자는 점점 [ ]을 얻느니라

말씀기도

❶ 요셉처럼 진정한 용서의 사람으로 변화시켜 주소서.
❷ 삶 속에서 회개에 합당한 열매를 풍성히 맺게 하소서.
❸ 고난 속에서도 즐거움으로 온전한 사명을 감당하게 하소서.

49 일차 365

2월 18일

씨의 번성

출애굽기 1장 | 누가복음 4장 | 욥기 18장 | 고린도전서 5장

말씀 연결 씨의 확대와 회복 (출 1, 눅 4)

출애굽기 1장 | 고난 중에 번성하는 씨와 학대

1:7 이스라엘 자손은 생육하고 불어나 번성하고 매우 강하여 온 땅에 가득하게 되었더라

1:8 요셉을 알지 못하는 새 왕이 일어나 애굽을 다스리더니

1:11 감독들을 그들 위에 세우고 그들에게 무거운 짐을 지워 괴롭게 하여 그들에게 바로를 위하여 국고성 비돔과 라암셋을 건축하게 하니라

1:13 이스라엘 자손에게 일을 엄하게 시켜

누가복음 4장 | 씨를 향한 시험과 회복

4:1 예수께서 성령의 충만함을 입어 요단 강에서 돌아오사 광야에서 사십 일 동안 성령에게 이끌리시며

4:2 마귀에게 시험을 받으시더라 이 모든 날에 아무 것도 잡수시지 아니하시니 날 수가 다하매 주리신지라

4:4 예수께서 대답하시되 기록된 바 사람이 떡으로만 살 것이 아니라 하였느니라

4:15 친히 그 여러 회당에서 가르치시매 뭇 사람에게 칭송을 받으시더라

말씀 연결 번성과 구원 (욥 18, 고전 5)

욥기 18장 | 번성의 장애

18:4 울분을 터뜨리며 자기 자신을 찢는 사람아 너 때문에 땅이 버림을 받겠느
냐 바위가 그 자리에서 옮겨지겠느냐

18:13 질병이 그의 피부를 삼키리니 곧 사망의 장자가 그의 지체를 먹을 것이며

18:14 그가 의지하던 것들이 장막에서 뽑히며 그는 공포의 왕에게로 잡혀가고

18:15 그에게 속하지 않은 자가 그의 장막에 거하리니 유황이 그의 처소에 뿌려
질 것이며

고린도전서 5장 | 씨의 구원

5:1 너희 중에 심지어 음행이 있다 함을 들으니 그런 음행은 이방인 중에서도 없는
것이라 누가 그 아버지의 아내를 취하였다 하는도다

5:5 이런 자를 사탄에게 내주었으니 이는 육신은 멸하고 영은 1)주 예수의 날에 구
원을 받게 하려 함이라

5:7 너희는 누룩 없는 자인데 새 덩어리가 되기 위하여 묵은 누룩을 내버리라 우리
의 유월절 양 곧 그리스도께서 희생되셨느니라

5:9 내가 너희에게 쓴 편지에 음행하는 자들을 사귀지 말라 하였거니와

더 깊은 묵상

하나님의 백성으로 살아가는 길에 늘 축복과 은총만이 함께하는 것은 아닙니다. 하나님 나라의 백성으로 사는 데는 고난이 따르기 마련입니다. 문제는 고난이 왔을 때 그 고난을 어떻게 이겨서 넘기는가 하는 것입니다. 사람은 누구나 몇 번은 넘어지기 마련인데 넘어지지 않은 것이 중요한 것이 아니라 넘어진 후에 다시 일어서는 것이 중요한 것과 마찬가지입니다.

이스라엘 자손이 생육하고 번성하자 이스라엘 자손들이 대적하여 싸울까 두려워한 애굽 왕은 어려운 노동으로 그들을 괴롭히고, 산파에게 명하여 아들이면 죽이라며 이스라엘 자손을 박해합니다. 그러나 고난의 때에도 하나님의 사람은 있습니다. "그 산파들은 하나님을 경외하였으므로 하나님이 그들의 집안을 흥왕하게 하신지라"(출 1:21)

예수님께서 광야에서 사십 일간의 금식을 마친 후에도 마귀는 예수님을 시험합니다. 이런 마귀의 시험에 대한 예수님의 대답은 한결같았습니다. "기록된 바" 하나님의 말씀으로 마귀의 모든 시험을 물리치셨습니다. 기록된 하나님의 말씀은 바로 성경입니다. 성경 말씀으로 마귀의 모든 시험을 이기신 것입니다. 우리가 성경을 더욱 깊이 묵상하고 더욱 가깝게 해야 할 이유입니다.

반면 욥의 친구인 빌닷의 말은 하나님의 말씀을 전하는 듯하지만 정작 자신이 말한 하나님을 알지 못하는 자의 말에 불과했습니다. 그 마음에 사랑이 없기 때문입니다. 사랑과 연민이 없는 비판의 말은 사람의 마음을 상하게 하는 칼날일 뿐입니다. 우리도 누군가를 위로한다면서 하나님의 말씀을 자의적으로 해석하고 왜곡해서 상처받은 사람에게 두 번 세 번 상처를 주는 일은 없는지 겸손히 돌아보아야 하겠습니다.

말씀묵상

잔디는 밟아도 뿌리를 뻗어 번성해 갑니다. 하나님 나라의 씨된 성도들도 활기찬 걸음이 피곤하여지고, 힘이 기근 중에 쇠하여지고, 의지하던 것들이 장막에서 뽑히는 중에라도 번성해 갑니다. 끝까지 하나님의 신실하신 약속을 붙잡아야 합니다.

말씀적용 오늘의 감사

말씀적용

오늘의 감사

믿음으로 감사

소망으로 감사

사랑으로 감사

말씀암송

눅 4:4 예수께서 대답하시되 기록된 바 사람이 [ ] 으로만 살 것이 아니라 하였느니라

말씀기도

❶ 구원의 약속을 굳게 믿고 하나님 나라 확장을 위해 살아가는 성도가 되게 하소서.

❷ 제 속에 말씀을 사모하는 마음을 심어주시고, 날마다 말씀을 가까이하는 삶을 살게 하소서.

❸ 내 주변에 나 때문에 상처받은 사람이 있다면 찾아가 사과하고 용서를 구할 수 있도록 도와주소서.

말씀배경 지식

눅 4:19의 '주의 은혜의 해'는 시온을 위한 은혜와 구원의 때를 말한다. 본래 히브리인들은 50년마다 희년을 지켰는데 희년이 바로 해방과 자유를 가져다주는 은혜의 해였다. 이때는 땅의 경작을 중단하고 모든 빚을 탕감하며 노예들을 해방하는 특별한 은혜의 해였다. 메시야로 오신 그리스도는 공생애를 통해서 희년 곧 구원의 해, 은혜의 해를 선포하고 있는 것이다.

50 일차/365

2월 19일

씨의 보존

출애굽기 2장 | 누가복음 5장 | 욥기 19장 | 고린도전서 6장

말씀 연결 언약과 치유 (출 2, 눅 5)

출애굽기 2장 | 언약을 기약하시고 씨를 돌보심

2:3 더 숨길 수 없게 되매 그를 위하여 갈대 상자를 가져다가 역청과 나무 진을 칠하고 아기를 거기 담아 나일 강 가 갈대 사이에 두고

2:4 그의 누이가 어떻게 되는지를 알려고 멀리 섰더니

2:5 바로의 딸이 목욕하러 나일 강으로 내려오고 시녀들은 나일 강 가를 거닐 때에 그가 갈대 사이의 상자를 보고 시녀를 보내어 가져다가

2:11 모세가 장성한 후에 한번은 자기 형제들에게 나가서 그들이 고되게 노동하는 것을 보더니 어떤 애굽 사람이 한 히브리 사람 곧 자기 형제를 치는 것을 본지라

2:23 여러 해 후에 애굽 왕은 죽었고 이스라엘 자손은 고된 노동으로 말미암아 탄식하며 부르짖으니 그 고된 노동으로 말미암아 부르짖는 소리가 하나님께 상달된지라

2:24 하나님이 그들의 고통 소리를 들으시고 하나님이 아브라함과 이삭과 야곱에게 세운 그의 언약을 기억하사

누가복음 5장 | 씨를 부르심과 치유하심

5:1 무리가 몰려와서 하나님의 말씀을 들을새 예수는 게네사렛 호숫가에 서서

5:11 그들이 배들을 육지에 대고 모든 것을 버려 두고 예수를 따르니라

5:13 예수께서 손을 내밀어 그에게 대시며 이르시되 내가 원하노니 깨끗함을 받으라 하신대 나병이 곧 떠나니라

5:19 무리 때문에 메고 들어갈 길을 얻지 못한지라 지붕에 올라가 기와를 벗기고 병자를 침상째 무리 가운데로 예수 앞에 달아 내리니

5:24 그러나 인자가 땅에서 죄를 사하는 권세가 있는 줄을 너희로 알게 하리라 하시고 중풍병자에게 말씀하시되 내가 네게 이르노니 일어나 네 침상을 가지고 집으로 가라 하시매

5:31 예수께서 대답하여 이르시되 건강한 자에게는 의사가 쓸 데 없고 병든 자에게라야 쓸 데 있나니

5:34 예수께서 그들에게 이르시되 혼인 집 손님들이 신랑과 함께 있을 때에 너희가 그 손님으로 금식하게 할 수 있느냐

오늘의 찬양
찬송가 465장 | 주 믿는 나 남 위해

맥체인성경365
303p

말씀 연결 영원한 씨 (욥 19, 고전 6)

욥기 19장 | 영원한 대속자

19:7 내가 폭행을 당한다고 부르짖으나 응답이 없고 도움을 간구하였으나 정의
가 없구나

19:12 그 군대가 일제히 나아와서 길을 돋우고 나를 치며 내 장막을 둘러 진을
쳤구나

19:15 내 집에 머물러 사는 자와 내 여종들은 나를 낯선 사람으로 여기니 내가
그들 앞에서 타국 사람이 되었구나

19:25 내가 알기에는 나의 대속자가 살아 계시니 마침내 그가 땅 위에 서실 것이
라

19:26 내 가죽이 벗김을 당한 뒤에도 내가 육체 밖에서 하나님을 보리라

고린도전서 6장 | 성전 된 씨

6:1 너희 중에 누가 다른 이와 더불어 다툼이 있는데 구태여 불의한 자들 앞에서
고발하고 성도 앞에서 하지 아니하느냐

6:4 그런즉 너희가 세상 사건이 있을 때에 교회에서 경히 여김을 받는 자들을 세
우느냐

6:7 너희가 피차 고발함으로 너희 가운데 이미 뚜렷한 허물이 있나니 차라리 불의
를 당하는 것이 낫지 아니하며 차라리 속는 것이 낫지 아니하냐

6:8 너희는 불의를 행하고 속이는구나 그는 너희 형제로다

6:9 불의한 자가 하나님의 나라를 유업으로 받지 못할 줄을 알지 못하느냐 미혹을
받지 말라 음행하는 자나 우상 숭배하는 자나 간음하는 자나 탐색하는 자나 남색하
는 자나

6:10 도적이나 탐욕을 부리는 자나 술 취하는 자나 모욕하는 자나 속여 빼앗는 자
들은 하나님의 나라를 유업으로 받지 못하리라

6:16 창녀와 합하는 자는 그와 한 몸인 줄을 알지 못하느냐 일렀으되 둘이 한 육체
가 된다 하셨나니

더 깊은 묵상

하나님은 자기 백성의 고통을 오래 참고 보지 못하십니다. 하나님은 자기 자녀의 고통의 소리를 듣고 응답하시는 분이십니다. 하나님은 우리의 구원자요, 동시에 우리의 아버지이시기 때문입니다. 고통받는 자기 자식을 그냥 내버려 두는 부모가 어디 있습니까. 맨발로 달려가서라도 자식의 고통을 덜어주려고 애쓰는 것이 부모의 마음입니다.

하나님은 이스라엘 자손의 고통 소리를 들으시고 아브라함과 이삭과 야곱에게 세운 그의 언약을 기억하사 이스라엘 자손을 돌보셨습니다. 하나님은 우리가 고통 가운데 간절하게 기도하는 기도 소리를 들으시고 우리에게 응답하시는 하나님이십니다.

사람들의 간절한 필요를 아시고 그 필요에 응답하시는 예수님은 밤새도록 수고하였지만 잡은 것이 없는 어부에게 깊은 데로 가서 그물을 내려 고기를 잡으라고 말씀하셔서 그물이 찢어지도록 고기를 잡게 했습니다. 나병 들린 사람은 깨끗하게 하시고 중풍병자를 고쳤습니다. 하나님은 우리의 필요를 아시는 하나님이십니다. 우리의 간절한 기도에 응답하시는 하나님이십니다.

욥은 죽음보다 더 지독한 욥의 고난을 대신할 대속자가 계시고, 하나님께서 친히 심판장이 되셔서 선악간에 심판하여 주실 것을 고백하고 있습니다. 이런 하나님이 계시기에 욥은 그 모진 고난과 시험에도 넘어지지 않고 하나님 앞에서 그 믿음을 지킬 수 있었습니다. 이런 욥의 믿음에 대해 "하나님이 주를 다시 살리셨고 또한 그의 권능으로 우리를 다시 살리시리라"(고전 6:14)라는 말씀으로 확증해주시고 있습니다.

말씀묵상

고난 중에라도 하나님은 우리에게서 시선을 놓치 않으십니다. 우리의 기도뿐 아니라 고통의 소리를 들으시고 우리를 살리십니다. 악한 세상에서 하나님 나라의 거룩한 씨로 서가야 합니다.

말씀적용 오늘의 감사

말씀적용

오늘의 감사

믿음으로 감사

소망으로 감사

사랑으로 감사

말씀암송

눅 5:13 예수께서 [ ]을 내밀어 그에게 대시며 이르시되 내가 원하노니 [ ][ ][ ]을 받으라 하신대 나병이 곧 떠나니라

말씀기도

❶ 어떠한 어려움 가운데 있을지라도 하나님 앞에 기도를 쉬지 않게 하소서.
❷ 하나님 나라 씨가 된 우리를 언제나 보호하시고 사명의 자리로 불러주소서.
❸ 우리의 몸을 성전 삼아 주심으로 하나님 나라를 전파하게 하소서.

말씀배경 지식

하나님께서는 모세의 주의를 끌고 싶었기 때문에 가시덤불이 불타 없어지지 않도록 하셨다. 그것은 역시 효과가 있었다. 모세는 계속 불타고 있는 가시덤불을 살펴보기 위해 가까이 다가왔다. 그리고 이미 자신이 기적을 보았다는 사실을 알았기 때문에 하나님의 음성을 듣자마자 그 말씀에 귀를 기울였다. 하나님은 계속 불타는 가시덤불을 통해 당신은 어떤 일이든지 할 수 있는 강한 능력을 소유한 분이라는 사실을 알려주셨다.

51 일차 365

부르심과 사명

2월 20일

출애굽기 3장 | 누가복음 6장 | 욥기 20장 | 고린도전서 7장

말씀 연결 부르심 (출 3, 눅 6)

출애굽기 3장 | 모세를 부르심

3:8 내가 내려가서 그들을 애굽인의 손에서 건져내고 그들을 그 땅에서 인도하여 아름답고 광대한 땅, 젖과 꿀이 흐르는 땅 곧 가나안 족속, 헷 족속, 아모리 족속, 브리스 족속, 히위 족속, 여부스 족속의 지방에 데려가려 하노라

3:13 모세가 하나님께 아뢰되 내가 이스라엘 자손에게 가서 이르기를 너희의 조상의 하나님이 나를 너희에게 보내셨다 하면 그들이 내게 묻기를 그의 이름이 무엇이냐 하리니 내가 무엇이라고 그들에게 말하리이까

3:14 하나님이 모세에게 이르시되 나는 스스로 있는 자이니라 또 이르시되 너는 이스라엘 자손에게 이같이 이르기를 스스로 있는 자가 나를 너희에게 보내셨다 하라

3:16 너는 가서 이스라엘의 장로들을 모으고 그들에게 이르기를 여호와 너희 조상의 하나님 곧 아브라함과 이삭과 야곱의 하나님이 내게 나타나 이르시되 내가 너희를 돌보아 너희가 애굽에서 당한 일을 확실히 보았노라

3:18 그들이 네 말을 들으리니 너는 그들의 장로들과 함께 애굽 왕에게 이르기를 히브리 사람의 하나님 여호와께서 우리에게 임하셨은즉 우리가 우리 하나님 여호와께 제사를 드리려 하오니 사흘길쯤 광야로 가도록 허락하소서 하라

누가복음 6장 | 열두 제자를 부르심

6:1 안식일에 예수께서 밀밭 사이로 지나가실새 제자들이 이삭을 잘라 손으로 비비어 먹으니

6:5 또 이르시되 인자는 안식일의 주인이니라 하시더라

6:13 밝으매 그 제자들을 부르사 그 중에서 열둘을 택하여 사도라 칭하셨으니

6:20 예수께서 눈을 들어 제자들을 보시고 이르시되 너희 가난한 자는 복이 있나니 하나님의 나라가 너희 것임이요

오늘의 찬양
찬송가 323장 | 부름 받아 나선 이 몸

맥체인성경365
308p

말씀 연결 태도와 사명 (욥 20, 고전 7)

욥기 20장 | 죄에 대한 태도

20:6 그 존귀함이 하늘에 닿고 그 머리가 구름에 미칠지라도

20:7 자기의 똥처럼 영원히 망할 것이라 그를 본 자가 이르기를 그가 어디 있느냐 하리라

20:14 그의 음식이 창자 속에서 변하며 뱃속에서 독사의 쓸개가 되느니라

20:17 그는 강 곧 꿀과 엉긴 젖이 흐르는 강을 보지 못할 것이요

20:24 그가 철 병기를 피할 때에는 놋화살을 쏘아 꿰뚫을 것이요

20:26 큰 어둠이 그를 위하여 예비되어 있고 사람이 피우지 않은 불이 그를 멸하며 그 장막에 남은 것을 해치리라

고린도전서 7장 | 삶을 통한 사명 감당

7:6 그러나 내가 이 말을 함은 허락이요 명령은 아니니라

7:7 나는 모든 사람이 나와 같기를 원하노라 그러나 각각 하나님께 받은 자기의 은사가 있으니 이 사람은 이러하고 저 사람은 저러하니라

7:15 혹 믿지 아니하는 자가 갈리거든 갈리게 하라 형제나 자매나 이런 일에 구애될 것이 없느니라 그러나 하나님은 화평 중에서 너희를 부르셨느니라

7:20 각 사람은 부르심을 받은 그 부르심 그대로 지내라

7:27 네가 아내에게 매였느냐 놓이기를 구하지 말며 아내에게서 놓였느냐 아내를 구하지 말라

7:31 세상 물건을 쓰는 자들은 다 쓰지 못하는 자 같이 하라 이 세상의 외형은 지나감이니라

더 깊은 묵상

하나님은 하나님의 역사를 행하실 때 누군가를 불러내십니다. 하나님은 결코 하나님 홀로 역사하지 않으시고 하나님의 사람들과 동행하시고 동역하십니다. 하나님은 하나님의 도구요, 통로가 되는 사람들을 부르셔서 하나님의 일을 이루어 가십니다.

하나님은 이스라엘 백성들을 애굽의 압제로부터 구원해내시기 위해 마침내 모세를 부르십니다. 모세에게 하나님의 언약을 주시고, 소명을 주십니다. 그러나 그냥 약속하시고 사명을 맡기시는 것이 아닙니다. 내가 반드시 너와 함께 있으리라고 약속해 주십니다.

예수님도 산으로 가셔서 밤새도록 기도하신 후 날이 밝자 제자들 중에서 열둘을 택하여 부르셔서 사도로 명하십니다. 그리고는 모세를 부르신 하나님이 모세와 함께하셨듯이 그들과 함께 내려오십니다. 하나님이 부르시는 사람에겐 하나님은 늘 함께하십니다.

하나님은 우리를 이 세상으로부터, 죄악으로부터 불러내십니다. 사도 바울은 우리에게 음행을 피하라고 권면하면서 만일 절제할 수 없거든 결혼하는 것이 낫다고 말합니다. 그리고 "너희는 값으로 사신 것이니 사람들의 종이 되지 말라 형제들아 너희는 각각 부르심을 받은 그대로 하나님과 함께 거하라"(고전 7:23-24)라고 했습니다. 하나님의 부르심은 우리를 이 세상 죄악으로부터 불러내심이요, 우리를 하나님의 자녀로 하나님 앞으로 부르시는 부르심입니다.

말씀묵상

나를 부르신 분은 하나님이십니다. 모세를 부르시고 바울을 부르셨듯이 하나님은 나를 하나님의 자녀로 부르셨습니다. 하나님의 부르심에는 후회가 없으십니다. 하나님의 자녀로 합당한 삶을 살아가야 합니다.

말씀적용 오늘의 감사

말씀적용

오늘의 감사

믿음으로 감사

소망으로 감사

사랑으로 감사

말씀암송

눅 6:20 예수께서 눈을 들어 제자들을 보시고 이르시되 너희 가난한 자는 ☐이 있나니 하나님의 ☐☐가 너희 것임이요

말씀기도

❶ 예수님을 구주로 영접하였던 그 날의 감격을 늘 잊지 않고 기억하며 살게 하소서.
❷ 사명자로 우리를 부르셨으니 하나님의 뜻에 합당한 삶을 살게 하소서.
❸ 세상의 수많은 유혹들을 이겨낼 굳센 믿음을 주소서.

말씀배경 지식

여호와라는 이름, 성경을 읽다가 하나님의 이름이 나오면 침묵하는 랍비들의 습관 때문에 원래 발음을 잃어버렸다. '여호와'라는 호칭은 '야웨'를 칭하는데 네 개의 히브리어 자음 'YHWH'(야훼)에 '주님'을 뜻하는 '아도나이'의 모음이 합성된 말이다.

52 일차 365

2월 21일

부르심과 응답

출애굽기 4장 | 누가복음 7장 | 욥기 21장 | 고린도전서 8장

말씀 연결 부르심의 응답 (출 4, 눅 7)

출애굽기 4장 | 부르심에 대한 의심

4:3 여호와께서 이르시되 그것을 땅에 던지라 하시매 곧 땅에 던지니 그것이 뱀이 된지라 모세가 뱀 앞에서 피하매

4:9 그들이 이 두 이적을 믿지 아니하며 네 말을 듣지 아니하거든 너는 나일 강 물을 조금 떠다가 땅에 부으라 네가 떠온 나일 강 물이 땅에서 피가 되리라

4:16 그가 너를 대신하여 백성에게 말할 것이니 그는 네 입을 대신할 것이요 너는 그에게 하나님 같이 되리라

4:20 모세가 그의 아내와 아들들을 나귀에 태우고 애굽으로 돌아가는데 모세가 하나님의 지팡이를 손에 잡았더라

4:21 여호와께서 모세에게 이르시되 네가 애굽으로 돌아가거든 내가 네 손에 준 이적을 바로 앞에서 다 행하라 그러나 내가 그의 마음을 완악하게 한즉 그가 백성을 보내 주지 아니하리니

4:22 너는 바로에게 이르기를 여호와의 말씀에 이스라엘은 내 아들 내 장자라

누가복음 7장 | 믿음의 응답

7:14 가까이 가서 그 관에 손을 대시니 멘 자들이 서는지라 예수께서 이르시되 청년아 내가 네게 말하노니 일어나라 하시매

7:16 모든 사람이 두려워하며 하나님께 영광을 돌려 이르되 큰 선지자가 우리 가운데 일어나셨다 하고 또 하나님께서 자기 백성을 돌보셨다 하더라

7:19 요한이 그 제자 중 둘을 불러 주께 보내어 이르되 오실 그이가 당신이오니이까 우리가 다른 이를 기다리오리이까 하라 하매

7:21 마침 그 때에 예수께서 질병과 고통과 및 악귀 들린 자를 많이 고치시며 또 많은 맹인을 보게 하신지라

7:23 누구든지 나로 말미암아 실족하지 아니하는 자는 복이 있도다 하시니라

7:29 모든 백성과 세리들은 이미 요한의 세례를 받은지라 이 말씀을 듣고 하나님을 의롭다 하되

7:37 그 동네에 죄를 지은 한 여자가 있어 예수께서 바리새인의 집에 앉아 계심을 알고 향유 담은 옥합을 가지고 와서

말씀 연결 인생의 결국과 존재 (욥 21, 고전 8)

욥기 21장 | 인생의 결과

21:3 나를 용납하여 말하게 하라 내가 말한 후에 너희가 조롱할지니라

21:7 어찌하여 악인이 생존하고 장수하며 세력이 강하냐

21:13 그들의 날을 행복하게 지내다가 잠깐 사이에 스올에 내려가느니라

21:17 악인의 등불이 꺼짐과 재앙이 그들에게 닥침과 하나님이 진노하사 그들
을 곤고하게 하심이 몇 번인가

21:33 그는 골짜기의 흙덩이를 달게 여기리니 많은 사람들이 그보다 앞서 갔으
며 모든 사람이 그의 뒤에 줄지었느니라

21:34 그런데도 너희는 나를 헛되이 위로하려느냐 너희 대답은 거짓일 뿐이니
라

고린도전서 8장 | 예수 그리스도를 위한 존재

8:1 우상의 제물에 대하여는 우리가 다 지식이 있는 줄을 아나 지식은 교만하게 하
며 사랑은 덕을 세우나니

8:9 그런즉 너희의 자유가 믿음이 약한 자들에게 걸려 넘어지게 하는 것이 되지 않
도록 조심하라

8:10 지식 있는 네가 우상의 집에 앉아 먹는 것을 누구든지 보면 그 믿음이 약한
자들의 양심이 담력을 얻어 우상의 제물을 먹게 되지 않겠느냐

8:12 이같이 너희가 형제에게 죄를 지어 그 약한 양심을 상하게 하는 것이 곧 그리
스도에게 죄를 짓는 것이니라

더 깊은 묵상

하나님께서 하나님의 사람을 들어 쓰시는 모습을 보면 참 신기한 때가 많습니다. 우리가 생각하기에 보잘것없고 연약하기 짝이 없는 사람들을 들어 쓰십니다. 사사 시대의 기드온이 그랬고, 사울 왕도 그랬습니다. 때로는 우리가 생각하기에 하나님의 마음에 합당한 사람이라고 생각되는 사람들은 생각지도 못한 모진 고난과 인생의 풍파를 겪은 후에야 하나님이 들어 쓰십니다. 요셉이 그랬고, 모세가 그랬고, 다윗왕도 그랬습니다. 노예로 팔려가고 감옥에 갇히거나, 살인자가 되어 40년을 도망 다니거나, 죄 없이 도망자 신세로 20년 가까운 세월을 난민으로 떠돌기도 했습니다. 그 모진 고난의 세월 후에야 그들은 흔들림 없는 하나님의 사람으로 우뚝 서 있는 것을 보게 됩니다. 하나님의 섭리는 사람의 생각과는 그 크기와 높이가 다르다고 고백하지 않을 수 없습니다.

우리가 위대한 믿음의 조상으로 생각하는 모세도 처음에는 우리처럼 연약한 모습이었고, 이방인인 로마의 백부장이 이스라엘 사람들보다 더 큰 믿음을 가진 모습을 보면 하나님의 역사하심이 참으로 오묘하고 놀랍습니다. 우리처럼 연약한 모습을 가진 모세를 구약 역사에 기록될 가장 위대한 선지자로 만들어 가시는 분이 하나님이시기 때문에 그렇습니다. 그런 하나님이 우리 하나님이시란 게 정말 감사한 일이 아닐 수 없습니다.

말씀묵상

현실을 볼 때 낙심할 때가 있습니다. 그러나 예수 그리스도를 위해 부름을 받은 성도로서 부르심에 합당한 삶을 살아가야 합니다. 하나님은 영원토록 성도와 함께하십니다.

말씀적용 오늘의 감사

말씀적용

오늘의 감사

믿음으로 감사

소망으로 감사

사랑으로 감사

말씀암송

고전 8:9 그런즉 너희의 [ ][ ]가 믿음이 약한 자들에게 걸려 넘어지게 하는 것이 되지 않도록 [ ][ ]하라

말씀기도

❶ 하나님의 부르심에 합당한 믿음의 사람으로 변화시켜 주소서.
❷ 제게도 백부장과 같은 순전한 믿음, 온전한 믿음의 마음을 주소서.
❸ 예수 그리스도를 위해 부름받은 성도로서 그리스도를 위한 삶과 믿음으로 순종하며 살아가게 하소서.

말씀배경 지식

유대인들의 '관'은 죽은 자의 유골이나 재를 넣어두는 항아리 혹은 시체를 넣어두는 함을 가리켰다. 유대인들은 시신을 세마포로 싼 뒤 관에 넣고 얼굴을 수건으로 덮었다. 그리고 뚜껑을 사용하지 않았다. 매장 시에는 시신만 꺼내 동굴무덤에 넣는 풍습이다.

53 일차 365

2월 22일

믿음의 삶

출애굽기 5장 | 누가복음 8장 | 욥기 22장 | 고린도전서 9장

말씀 연결 학대를 믿음으로 극복 (출 5, 눅 8)

출애굽기 5장 | 학대를 견딤

5:1 그 후에 모세와 아론이 바로에게 가서 이르되 이스라엘의 하나님 여호와께
서 이렇게 말씀하시기를 내 백성을 보내라 그러면 그들이 광야에서 내 앞에 절기
를 지킬 것이니라 하셨나이다

5:3 그들이 이르되 히브리인의 하나님이 우리에게 나타나셨은즉 우리가 광야로
사흘길쯤 가서 우리 하나님 여호와께 제사를 드리려 하오니 가도록 허락하소서
여호와께서 전염병이나 칼로 우리를 치실까 두려워하나이다

5:16 당신의 종들에게 짚을 주지 아니하고 그들이 우리에게 벽돌을 만들라 하나
이다 당신의 종들이 매를 맞사오니 이는 당신의 백성의 죄니이다

5:18 이제 가서 일하라 짚은 너희에게 주지 않을지라도 벽돌은 너희가 수량대로
바칠지니라

5:21 그들에게 이르되 너희가 우리를 바로의 눈과 그의 신하의 눈에 미운 것이
되게 하고 그들의 손에 칼을 주어 우리를 죽이게 하는도다 여호와는 너희를 살피
시고 판단하시기를 원하노라

누가복음 8장 | 인생의 결국

8:18 그러므로 너희가 어떻게 들을까 스스로 삼가라 누구든지 있는 자는 받겠고
없는 자는 그 있는 줄로 아는 것까지도 빼앗기리라 하시니라

8:23 행선할 때에 예수께서 잠이 드셨더니 마침 광풍이 호수로 내리치매 배에 물
이 가득하게 되어 위태한지라

8:26 그들이 갈릴리 맞은편 거라사인의 땅에 이르러

8:30 예수께서 네 이름이 무엇이냐 물으신즉 이르되 군대라 하니 이는 많은 귀신
이 들렸음이라

8:31 무저갱으로 들어가라 하지 마시기를 간구하더니

8:33 귀신들이 그 사람에게서 나와 돼지에게로 들어가니 그 떼가 비탈로 내리달
아 호수에 들어가 몰사하거늘

8:43 이에 열두 해를 혈루증으로 앓는 중에 아무에게도 고침을 받지 못하던 여자가

8:54 예수께서 아이의 손을 잡고 불러 이르시되 아이야 일어나라 하시니

오늘의 찬양
찬송가 382장 | 너 근심 걱정 말아라

맥체인성경365
321p

말씀 연결 응답과 관계 (욥 22, 고전 9)

욥기 22장 | 하나님의 응답

22:15 네가 악인이 밟던 옛적 길을 지키려느냐

22:24 네 보화를 티끌로 여기고 오빌의 금을 계곡의 돌로 여기라

22:30 죄 없는 자가 아니라도 건지시리니 네 손이 깨끗함으로 말미암아 건지심을 받으리라

고린도전서 9장 | 믿음과 달음질의 관계

9:1 내가 자유인이 아니냐 사도가 아니냐 예수 우리 주를 보지 못하였느냐 주 안에서 행한 나의 일이 너희가 아니냐

9:5 우리가 다른 사도들과 주의 형제들과 게바와 같이 믿음의 자매 된 아내를 데리고 다닐 권리가 없겠느냐

9:7 누가 자기 비용으로 군 복무를 하겠느냐 누가 포도를 심고 그 열매를 먹지 않겠느냐 누가 양 떼를 기르고 그 양 떼의 젖을 먹지 않겠느냐

9:12 다른 이들도 너희에게 이런 권리를 가졌거든 하물며 우리일까보냐 그러나 우리가 이 권리를 쓰지 아니하고 범사에 참는 것은 그리스도의 복음에 아무 장애가 없게 하려 함이로다

9:24 운동장에서 달음질하는 자들이 다 달릴지라도 오직 상을 받는 사람은 한 사람인 줄을 너희가 알지 못하느냐 너희도 상을 받도록 이와 같이 달음질하라

더 깊은 묵상

믿음이란 무엇입니까. 우리는 주를 믿으면 주께서 우리의 믿음을 보고 축복하셔서 우리의 앞길이 평탄하고 어려움 없는 삶을 주시리라고 기대합니다. 그러나 구약이나 신약에서 말씀하시는 믿음은 그런 믿음이 아닙니다. 성경에서는 믿음이란 고난과 시련, 학대와 압제를 견뎌내고 극복하는 것이라는 것을 보여주고 있습니다.

하나님께서 모세에게 이스라엘 민족의 출애굽을 약속하셨으니, 모세가 바로에게 가서 말했을 때 바로가 곧바로 이스라엘 민족을 보내주면 얼마나 좋겠습니까? 사실 우리 대부분이 바라는 믿음은 그런 믿음입니다. 하지만 현실은 달랐습니다. 모세가 이스라엘 민족을 이끌고 광야로 가서 하나님께 예배를 드리겠다고 하자 바로는 이스라엘 백성의 노동을 무겁게 했습니다. 백성들은 모세와 아론을 원망했습니다. 그러자 모세도 하나님께 원망을 돌립니다.

고난과 절망의 상황 속에서도 우리가 가져야 할 믿음은 어떤 것일까요? 바울은 "그런즉 내 상이 무엇이냐 내가 복음을 전할 때에 값없이 전하고 복음으로 말미암아 내게 있는 권리를 다 쓰지 아니하는 이것이로다"(고전 9:18)라고 말씀하고 있습니다. 하나님 나라와 사람들의 구원을 위하여 내게 있는 권리조차도 포기하고 희생하는 것이 믿음이라는 것입니다.

진짜 믿음과 가짜 믿음은 고난과 시련의 때에 드러납니다. 가짜 믿음은 고난이 오면 말라서 마른 풀처럼 타서 없어져 버리지만 진짜 믿음은 고난을 통해 정금같이 단련되어 더욱 빛나게 되는 법입니다.

말씀묵상

예수님은 우리에게 믿음을 요구하십니다. 예수님께 보여드릴 믿음을 준비하여야 합니다. 믿으면 모든 것에서 구원을 받습니다. 삼십 배 육십 배 백배의 열매를 맺습니다.

말씀적용 오늘의 감사

말씀적용

오늘의 감사

믿음으로 감사

소망으로 감사

사랑으로 감사

말씀암송

고전 9:24 운동장에서 달음질하는 자들이 다 달릴지라도 오직 [ ]을 받는 사람은 한 사람인 줄을 너희가 알지 못하느냐 너희도 [ ]을 받도록 이와 같이 달음질하라

말씀기도

1. 고난의 때에 주님을 원망하거나, 다른 사람을 탓하지 않도록 제 마음과 제 입술을 지켜 주소서.
2. 삶 속에서 어려움과 고통이 있을지라도 정금같은 믿음으로 단련되게 하소서.
3. 오늘 해야 할 제 일에 최선을 다하는 하루가 되게 하소서.

말씀배경 지식

벽돌 굽기는 고대 유대인들은 나일 강변의 점도 높은 진흙에 곡초 줄기를 2-5cm 정도로 잘게 잘라 섞은 뒤 1차로 강변의 뜨거운 햇빛과 바람에 말리고 2차로 가마에 구워 벽돌을 제조하였다. 이 벽돌은 내구성이 강해 피라미드나 신전 건축에 요긴하게 사용되었다.

54 일차 / 365

2월 23일

부르심과 응답

출애굽기 6장 | 누가복음 9장 | 욥기 23장 | 고린도전서 10장

말씀 연결 리더와 제자도 (출 6, 눅 9)

출애굽기 6장 | **모세를 리더로 세움**

6:3 내가 아브라함과 이삭과 야곱에게 전능의 하나님으로 나타났으나 나의 이름을 여호와로는 그들에게 알리지 아니하였고

6:6 그러므로 이스라엘 자손에게 말하기를 나는 여호와라 내가 애굽 사람의 무거운 짐 밑에서 너희를 빼내며 그들의 노역에서 너희를 건지며 편 팔과 여러 큰 심판들로써 너희를 속량하여

6:20 아므람은 그들의 아버지의 누이 요게벳을 아내로 맞이하였고 그는 아론과 모세를 낳았으며 아므람의 나이는 백삼십칠 세였으며

6:23 아론은 암미나답의 딸 나손의 누이 엘리세바를 아내로 맞이하였고 그는 나답과 아비후와 엘르아살과 이다말을 낳았으며

누가복음 9장 | **제자도의 모습**

9:2 하나님의 나라를 전파하며 앓는 자를 고치게 하려고 내보내시며

9:10 사도들이 돌아와 자기들이 행한 모든 것을 예수께 여쭈니 데리시고 따로 벳새다라는 고을로 떠나 가셨으나

9:14 이는 남자가 한 오천 명 됨이러라 제자들에게 이르시되 떼를 지어 한 오십 명씩 앉히라 하시니

9:17 먹고 다 배불렀더라 그 남은 조각을 열두 바구니에 거두니라

9:18 예수께서 따로 기도하실 때에 제자들이 주와 함께 있더니 물어 이르시되 무리가 나를 누구라고 하느냐

9:23 또 무리에게 이르시되 아무든지 나를 따라오려거든 자기를 부인하고 날마다 제 십자가를 지고 나를 따를 것이니라

9:33 두 사람이 떠날 때에 베드로가 예수께 여짜오되 주여 우리가 여기 있는 것이 좋사오니 우리가 초막 셋을 짓되 하나는 주를 위하여, 하나는 모세를 위하여, 하나는 엘리야를 위하여 하사이다 하되 자기가 하는 말을 자기도 알지 못하더라

9:38 무리 중의 한 사람이 소리 질러 이르되 선생님 청컨대 내 아들을 돌보아 주옵소서 이는 내 외아들이니이다

말씀 연결 단련하여 부르심 (욥 23, 고전 10)

욥기 23장 | 단련하심

23:2 오늘도 내게 반항하는 마음과 근심이 있나니 내가 받는 재앙이 탄식보다 무거움이라

23:7 거기서는 정직한 자가 그와 변론할 수 있은즉 내가 심판자에게서 영원히 벗어나리라

23:10 그러나 내가 가는 길을 그가 아시나니 그가 나를 단련하신 후에는 내가 순금 같이 되어 나오리라

고린도전서 10장 | 하나님의 영광을 위하여 부르심

10:1 형제들아 나는 너희가 알지 못하기를 원하지 아니하노니 우리 조상들이 다 구름 아래에 있고 바다 가운데로 지나며

10:7 그들 가운데 어떤 사람들과 같이 너희는 우상 숭배하는 자가 되지 말라 기록된 바 백성이 앉아서 먹고 마시며 일어나서 뛰논다 함과 같으니라

10:16 우리가 축복하는 바 축복의 잔은 그리스도의 피에 참여함이 아니며 우리가 떼는 떡은 그리스도의 몸에 참여함이 아니냐

10:18 육신을 따라 난 이스라엘을 보라 제물을 먹는 자들이 제단에 참여하는 자들이 아니냐

10:20 무릇 이방인이 제사하는 것은 귀신에게 하는 것이요 하나님께 제사하는 것이 아니니 나는 너희가 귀신과 교제하는 자가 되기를 원하지 아니하노라

10:25 무릇 시장에서 파는 것은 양심을 위하여 묻지 말고 먹으라

더 깊은 묵상

어떻게 보면 성경의 역사는 단련하심의 역사라고 할 수 있습니다. 고난을 통해 요셉을 단련하시고, 출애굽을 통해 이스라엘 백성들을 단련하시고, 사울을 피해 다윗을 단련하시고, 욥은 말할 수 없는 시련과 고난을 통해 단련되고, 예수님은 제자들을 단련하셨습니다. 성경은 그야말로 단련의 역사입니다.

하나님은 모세와 아론을 단련하십니다. 하나님의 출애굽 역사에 대해 이스라엘 백성도, 바로도, 모세 자신조차도 믿음 없이 회피하려는 모습을 보입니다. 하지만 하나님은 포기하지 않으시고 모세를 단련시키셔서 이스라엘 민족의 출애굽을 이끄는 위대한 선지자로 다듬어 가십니다.

예수님은 열 두 제자를 불러 모든 귀신을 제어하며 병을 고치는 능력과 권위를 주어 제자들은 두루 다니며 곳곳에 복음을 전하며 병을 고쳤습니다. 하나님의 자녀를 단련시키셔서 선지자와 지도자로 세우는 일은 구약과 신약이 다르지 않음을 볼 수 있습니다.

혹시 현재의 삶 속에서 시련을 당하고 계시나요? 건강의 문제, 경제적 문제, 인간관계의 문제 등 일상생활 속에서 견디기 힘든 시련을 당하는 중이라면 명심하십시오. 모세가 그랬고, 예수님의 제자들이 그랬고, 욥이 그랬듯이 하나님은 그 시련을 통하여 우리를 단련시키는 중이십니다. 우리는 혼자 있지 않습니다. 우리는 고아가 아닙니다. 우리에게는 우리의 아버지 되시는 하나님이 계십니다. 우리 하나님은 자녀인 우리와 늘 함께하시는 참 좋으신 아버지이십니다.

말씀묵상

제자가 된다는 것은 부담입니다. 하지만 동시에 축복입니다. 하나님의 영광을 위한 제자로 불러주신 하나님을 기억하며, 제자로서 살아가는 데 있어 모든 장애를 극복할 때 제자의 복을 누릴 수 있습니다.

말씀적용 오늘의 감사

말씀적용

오늘의 감사

믿음으로 감사

소망으로 감사

사랑으로 감사

말씀암송

욥 23:10 그러나 내가 가는 [ ]을 그가 아시나니 그가 나
를 단련하신 후에는 내가 [ ][ ] 같이 되어 나오리라

말씀기도

❶ 하나님의 자녀요, 제자로서 마땅한 삶을 살아갈 수 있도록 우리의 삶 속에서 늘 함께 동행하여 주소서.
❷ 먹든지 마시든지 무엇을 하든지 주님의 영광을 위하여 살게 하소서.
❸ 자신 앞에 놓인 갖가지 우상을 버리고 주님의 영광을 위해 살아가게 하소서.

말씀배경 지식

가나안은 좁게는 요단 서편의 땅을, 넓게는 유브라데 강에서 나일 강에 이르는 지역이다. 이스라엘 백성에게 약속된 것과 꿀이 흐르는 복락의 땅이며, 영적으로는 하늘의 가나안(천국)에 대비되기도 한다.

55 일차 365

2월 24일

말씀에 대한 태도

출애굽기 7장 | 누가복음 10장 | 욥기 24장 | 고린도전서 11장

말씀 연결 행함의 거절과 수용 (출 7, 눅 10)

출애굽기 7장 | 말씀대로 행함과 듣지 않음

7:1 여호와께서 모세에게 이르시되 볼지어다 내가 너를 바로에게 신 같이 되게 하였은즉 네 형 아론은 네 대언자가 되리니

7:9 바로가 너희에게 이르기를 너희는 이적을 보이라 하거든 너는 아론에게 말하기를 너의 지팡이를 들어서 바로 앞에 던지라 하라 그것이 뱀이 되리라

7:11 바로도 현인들과 마술사들을 부르매 그 애굽 요술사들도 그들의 요술로 그와 같이 행하되

7:20 모세와 아론이 여호와께서 명령하신 대로 행하여 바로와 그의 신하의 목전에서 지팡이를 들어 나일 강을 치니 그 물이 다 피로 변하고

누가복음 10장 | 거절과 수용

10:6 만일 평안을 받을 사람이 거기 있으면 너희의 평안이 그에게 머물 것이요 그렇지 않으면 너희에게로 돌아오리라

10:11 너희 동네에서 우리 발에 묻은 먼지도 너희에게 떨어버리노라 그러나 하나님의 나라가 가까이 온 줄을 알라 하라

10:19 내가 너희에게 뱀과 전갈을 밟으며 원수의 모든 능력을 제어할 권능을 주었으니 너희를 해칠 자가 결코 없으리라

10:21 그 때에 예수께서 성령으로 기뻐하시며 이르시되 천지의 주재이신 아버지여 이것을 지혜롭고 슬기 있는 자들에게는 숨기시고 어린 아이들에게는 나타내심을 감사하나이다 옳소이다 이렇게 된 것이 아버지의 뜻이니이다

10:23 제자들을 돌아 보시며 조용히 이르시되 너희가 보는 것을 보는 눈은 복이 있도다

10:25 어떤 율법교사가 일어나 예수를 시험하여 이르되 선생님 내가 무엇을 하여야 영생을 얻으리이까

10:30 예수께서 대답하여 이르시되 어떤 사람이 예루살렘에서 여리고로 내려가다가 강도를 만나매 강도들이 그 옷을 벗기고 때려 거의 죽은 것을 버리고 갔더라

10:36 네 생각에는 이 세 사람 중에 누가 강도 만난 자의 이웃이 되겠느냐

오늘의 찬양

찬송가 354장 | 주를 앙모 하는 자

맥체인성경365
334p

말씀 연결 때와 새 언약 (욥 24, 고전 11)

욥기 24장 | 하나님의 때를 기다림

24:2 어떤 사람은 땅의 경계표를 옮기며 양 떼를 빼앗아 기르며

24:5 그들은 거친 광야의 들나귀 같아서 나가서 일하며 먹을 것을 부지런히 구
하니 빈 들이 그들의 자식을 위하여 그에게 음식을 내는구나

24:9 어떤 사람은 고아를 어머니의 품에서 빼앗으며 가난한 자의 옷을 볼모 잡
으므로

24:13 또 광명을 배반하는 사람들은 이러하니 그들은 그 도리를 알지 못하며 그
길에 머물지 아니하는 자라

24:16 어둠을 틈타 집을 뚫는 자는 낮에는 잠그고 있으므로 광명을 알지 못하나니

24:17 그들은 아침을 죽음의 그늘 같이 여기니 죽음의 그늘의 두려움을 앎이니
라

고린도전서 11장 | 피로 세운 새 언약

11:3 그러나 나는 너희가 알기를 원하노니 각 남자의 머리는 그리스도요 여자의 머
리는 남자요 그리스도의 머리는 하나님이시라

11:10 그러므로 여자는 천사들로 말미암아 권세 아래에 있는 표를 그 머리 위에 둘
지니라

11:11 그러나 주 안에는 남자 없이 여자만 있지 않고 여자 없이 남자만 있지 아니
하니라

11:21 이는 먹을 때에 각각 자기의 만찬을 먼저 갖다 먹으므로 어떤 사람은 시장하
고 어떤 사람은 취함이라

11:24 축사하시고 떼어 이르시되 이것은 너희를 위하는 내 몸이니 이것을 행하여
나를 기념하라 하시고

11:27 그러므로 누구든지 주의 떡이나 잔을 합당하지 않게 먹고 마시는 자는 주의
몸과 피에 대하여 죄를 짓는 것이니라

11:33 그런즉 내 형제들아 먹으러 모일 때에 서로 기다리라

더 깊은 묵상

하나님의 백성, 하나님의 자녀인가 아닌가는 하나님의 말씀에 응답하는 태도를 통해 구분이 됩니다. 하나님의 백성이라면 하나님의 말씀에 순종하지만, 하나님의 자녀가 아니라면 하나님의 명령에 불순종하게 마련이기 때문입니다. 진정한 하나님의 자녀인가 아닌가 하는 구분은 하나님의 말씀에 순종하며 그 명령대로 사는가 아닌가를 보면 어느 정도 분별이 가능합니다.

모세와 아론은 하나님의 말씀에 순종하여 바로에게 갔지만 바로는 그 마음이 완악하여져서 하나님의 말씀에 순종하지 않습니다. 하나님께서 아론의 지팡이를 뱀으로 바꾸는 이적을 행해도 마찬가지입니다. 그래서 하나님은 나일강 강물과 애굽의 모든 물들이 피로 바뀌는 이적을 행하십니다.

예수님은 칠십인을 따로 세워 둘씩 짝을 지워 복음을 전하도록 보내십니다. 이 세상에는 예수님의 말씀을 듣고 구원을 받을 사람과, 말씀을 들으나 저버리고 심판에 이를 사람이 있을 것을 말씀해주십니다. 이에 복음을 전하러 갔던 칠십인은 하나님의 복음을 전할 때 하나님이 주신 능력과 이적에 대해 증언합니다. 그러자 예수님은 "귀신들이 너희에게 항복하는 것으로 기뻐하지 말고 너희 이름이 하늘에 기록된 것으로 기뻐하라"(눅 10:20)라고 말씀하십니다.

그렇습니다. 우리도 종종 복음을 전할 때 방언이 터지고, 치유의 은사가 나타나는 등 평소에 우리가 경험하지 못했던 특별한 이적과 표징이 나타날 때 더 기뻐하고 놀라워합니다. 하지만 예수님은 그런 이적과 표징보다 우리 이름이 하늘에 기록된 것을 더욱 기뻐하라고 말씀하십니다. 하나님이 기뻐하시는 것은 하나님의 명령에 순종하는 삶, 복음을 듣고 믿으면 하나님의 말씀을 따라 살게 되어 하나님 나라의 구원책에 그 이름이 기록되는 것이지 눈에 보이는 이적과 표적이 아니라는 것입니다.

말씀묵상

때론 세상은 예수님의 제자된 성도를 거절합니다. 세상에서 환영받지 못할 수 있습니다. 그렇더라도 성도는 하나님의 평강을 세상에 전해야 합니다. 그리고 할 수 있는 일을 통해 충성하며 나아갑니다.

말씀적용 오늘의 감사

말씀적용

오늘의 감사

믿음으로 감사

소망으로 감사

사랑으로 감사

말씀암송

눅 10:19 내가 너희에게 뱀과 전갈을 밟으며 ☐☐의 모든 능력을 제어할 ☐☐을 주었으니 너희를 해칠 자가 결코 없으리라

말씀기도

❶ 하나님의 말씀에 늘 귀를 기울이게 하소서.
❷ 내게 말씀하시는 하나님의 말씀에 늘 성실하게 순종하게 하소서.
❸ 염려와 근심을 버리고 오직 믿음으로 주님을 따르게 하소서.

말씀배경 지식

고린도 교회의 수건을 쓰는 행위는 당시 유대인들은 '탈릿'이라는 수건을 썼는데 고린도 여자들이 이런 관습을 무시하는 경우가 많았다. 한편 노예 출신이나 간음한 여자는 머리를 깎아야 했는데 수건을 안 쓰는 것은 머리를 깎는 것과 마찬가지로 간주 되었다. 따라서 바울의 권면은 신앙의 도리에 어긋나지 않는 한 세상의 관습을 무시하지 말라는 것이다.

56 일차 / 365

2월 25일

하나님의 능력

출애굽기 8장 | 누가복음 11장 | 욥기 25-26장 | 고린도전서 12장

말씀 연결 이적과 응답 (출 8, 눅 11)

출애굽기 8장 | 이적을 통해 구별하심

8:2 네가 만일 보내기를 거절하면 내가 개구리로 너의 온 땅을 치리라

8:3 개구리가 나일 강에서 무수히 생기고 올라와서 네 궁과 네 침실과 네 침상
위와 네 신하의 집과 네 백성과 네 화덕과 네 떡 반죽 그릇에 들어갈 것이며

8:16 여호와께서 모세에게 이르시되 아론에게 명령하기를 네 지팡이를 들어 땅
의 티끌을 치라 하라 그것이 애굽 온 땅에서 이가 되리라

8:21 네가 만일 내 백성을 보내지 아니하면 내가 너와 네 신하와 네 백성과 네 집
들에 파리 떼를 보내리니 애굽 사람의 집집에 파리 떼가 가득할 것이며 그들이
사는 땅에도 그러하리라

8:23 내가 내 백성과 네 백성 사이를 구별하리니 내일 이 표징이 있으리라 하셨
다 하라 하시고

8:24 여호와께서 그와 같이 하시니 무수한 파리가 바로의 궁과 그의 신하의 집
과 애굽 온 땅에 이르니 파리로 말미암아 그 땅이 황폐하였더라

누가복음 11장 | 기도의 응답

11:15 그 중에 더러는 말하기를 그가 귀신의 왕 바알세불을 힘입어 귀신을 쫓아
낸다 하고

11:20 그러나 내가 만일 하나님의 손을 힘입어 귀신을 쫓아낸다면 하나님의 나라
가 이미 너희에게 임하였느니라

11:25 가서 보니 그 집이 청소되고 수리되었거늘

11:27 이 말씀을 하실 때에 무리 중에서 한 여자가 음성을 높여 이르되 당신을 밴
태와 당신을 먹인 젖이 복이 있나이다 하니

11:30 요나가 니느웨 사람들에게 표적이 됨과 같이 인자도 이 세대에 그러하리라

11:31 심판 때에 남방 여왕이 일어나 이 세대 사람을 정죄하리니 이는 그가 솔로
몬의 지혜로운 말을 들으려고 땅 끝에서 왔음이거니와 솔로몬보다 더 큰 이가 여
기 있으며

11:33 누구든지 등불을 켜서 움 속에나 말 아래에 두지 아니하고 등경 위에 두나
니 이는 들어가는 자로 그 빛을 보게 하려 함이라

오늘의 찬양
찬송가 73장 | 내 눈을 들어 두루 살피니

맥체인성경365
340p

말씀 연결 통치와 성령 (욥 25-26, 고전 12)

욥기 25-26장 | 자연을 통치하심

25:3 그의 군대를 어찌 계수할 수 있으랴 그가 비추는 광명을 받지 않은 자가 누
구냐

26:4 네가 누구를 향하여 말하느냐 누구의 정신이 네게서 나왔느냐

고린도전서 12장 | 능력이신 성령

12:8 어떤 사람에게는 성령으로 말미암아 지혜의 말씀을, 어떤 사람에게는 같은
성령을 따라 지식의 말씀을,

12:23 우리가 몸의 덜 귀히 여기는 그것들을 더욱 귀한 것들로 입혀 주며 우리의
아름답지 못한 지체는 더욱 아름다운 것을 얻느니라 그런즉

12:25 몸 가운데서 분쟁이 없고 오직 여러 지체가 서로 같이 돌보게 하셨느니라

12:28 하나님이 교회 중에 몇을 세우셨으니 첫째는 사도요 둘째는 선지자요 셋째
는 교사요 그 다음은 능력을 행하는 자요 그 다음은 병 고치는 은사와 서로 돕는 것
과 다스리는 것과 각종 방언을 말하는 것이라

12:30 다 병 고치는 은사를 가진 자이겠느냐 다 방언을 말하는 자이겠느냐 다 통역
하는 자이겠느냐

더 깊은 묵상

오늘 묵상하는 말씀들은 우리에게 하나님의 능력을 보여주고 있습니다. 우리 하나님은 능력의 하나님이십니다.

출애굽기에서는 나일 강에서 개구리떼가 올라오는 이적, 티끌이 이가 되는 이적, 파리가 들끓는 이적을 통해 하나님은 자연을 다스리는 능력을 가지신 창조주란 것을 보여 줍니다. 또한 예수님께서는 하나님은 우리의 기도를 들으시는 분이요, 우리가 구하고 찾고 문을 두드릴 때 기도 응답의 능력을 가지신 분이란 것을 말씀해주고 있습니다. 욥은 하나님은 죽은 자의 영과 스올도 다스리는 능력의 하나님이시며, 허공의 구름과 달과 바다와 하늘까지 모두 다스리시는 천지만물의 통치자라고 고백하고 있습니다. 사도 바울은 성령의 능력에 대해 말씀해주고 있습니다. 성령으로 아니고는 누구든지 예수를 주시라 할 수 없고, 성령은 각 사람에게 예언, 지혜, 지식, 믿음, 병 고침, 능력 행함, 영들 분별함, 방언들, 통역 등의 은사의 능력을 주시기도 하십니다.

그러나 사도 바울은 이 모든 은사들보다 더욱 큰 은사를 사모하라고 말합니다. 그것은 사랑의 은사입니다. 사랑은 예언이나, 병 고침이나 방언보다도 더 큰 하나님의 능력입니다.

말씀묵상

하나님은 전능하신 분이십니다. 하나님의 전능하심은 제한이 없습니다. 우리의 믿음의 결여가 하나님의 능력을 제한할 뿐입니다. 전능하신 하나님만 바라고 나아가야 합니다.

말씀적용 오늘의 감사

말씀적용

오늘의 감사

믿음으로 감사

소망으로 감사

사랑으로 감사

말씀암송

고전 12:8 어떤 사람에게는 [ ][ ]으로 말미암아 [ ][ ]의 말씀을, 어떤 사람에게는 같은 [ ][ ]을 따라 [ ][ ]의 말씀을,

말씀기도

❶ 하나님의 능력을 경험하며 사는 오늘 하루가 되게 하소서.
❷ 하나님의 기도 응답을 일상 가운데 확인하며 살아가는 삶을 살게 하소서.
❸ 성도된 우리들에게 은사 주심을 감사드리며 살아가게 하소서.

말씀배경 지식

애굽 왕은 정기적으로 아침 시간에 신성한 나일 강가에 가서 수호신 '하피'에게 헌신례를 드리며, 애굽의 풍요와 번영을 기원하였다. 여기서 발견된 파피루스에는 "모든 신들이 아버지요 모든 물들의 주인이며 생명의 근원인 하피를 찬양한다."라는 내용이 들어 있다.

57 일차 365

사람 앞에 섰을 때

2월 26일

출애굽기 9장 | 누가복음 12장 | 욥기 27장 | 고린도전서 13장

말씀 연결 바로 앞, 사람 앞 (출 9, 눅 12)

출애굽기 9장 | 바로 앞에 선 모세

9:9 그 재가 애굽 온 땅의 티끌이 되어 애굽 온 땅의 사람과 짐승에게 붙어서 악성 종기가 생기리라

9:15 내가 손을 펴서 돌림병으로 너와 네 백성을 쳤더라면 네가 세상에서 끊어졌을 것이나

9:16 내가 너를 세웠음은 나의 능력을 네게 보이고 내 이름이 온 천하에 전파되게 하려 하였음이니라

9:17 네가 여전히 내 백성 앞에 교만하여 그들을 보내지 아니하느냐

9:18 내일 이맘때면 내가 무거운 우박을 내리리니 애굽 나라가 세워진 그 날로부터 지금까지 그와 같은 일이 없었더라

9:22 여호와께서 모세에게 이르시되 너는 하늘을 향하여 손을 들어 애굽 전국에 우박이 애굽 땅의 사람과 짐승과 밭의 모든 채소에 내리게 하라

9:27 바로가 사람을 보내어 모세와 아론을 불러 그들에게 이르되 이번은 내가 범죄하였노라 여호와는 의로우시고 나와 나의 백성은 악하도다

누가복음 12장 | 사람 앞에서 하나님을 시인함

12:1 그 동안에 무리 수만 명이 모여 서로 밟힐 만큼 되었더니 예수께서 먼저 제자들에게 말씀하여 이르시되 바리새인들의 누룩 곧 외식을 주의하라

12:6 참새 다섯 마리가 두 앗사리온에 팔리는 것이 아니냐 그러나 하나님 앞에는 그 하나도 잊어버리시는 바 되지 아니하는도다

12:15 그들에게 이르시되 삼가 모든 탐심을 물리치라 사람의 생명이 그 소유의 넉넉한 데 있지 아니하니라 하시고

12:24 까마귀를 생각하라 심지도 아니하고 거두지도 아니하며 골방도 없고 창고도 없으되 하나님이 기르시나니 너희는 새보다 얼마나 더 귀하냐

12:31 다만 너희는 그의 나라를 구하라 그리하면 이런 것들을 너희에게 더하시리라

12:35 허리에 띠를 띠고 등불을 켜고 서 있으라

12:38 주인이 혹 이경에나 혹 삼경에 이르러서도 종들이 그같이 하고 있는 것을 보면 그 종들은 복이 있으리로다

말씀 연결 하나님 앞에서 (욥 27, 고전 13)

욥기 27장 | 하나님 앞에서 무익한 삶

27:3 (나의 호흡이 아직 내 속에 완전히 있고 하나님의 숨결이 아직도 내 코에 있
느니라)

27:5 나는 결코 너희를 옳다 하지 아니하겠고 내가 죽기 전에는 나의 온전함을
버리지 아니할 것이라

27:8 불경건한 자가 이익을 얻었으나 하나님이 그의 영혼을 거두실 때에는 무슨
희망이 있으랴

27:11 하나님의 솜씨를 내가 너희에게 가르칠 것이요 전능자에게 있는 것을 내
가 숨기지 아니하리라

27:18 그가 지은 집은 좀의 집 같고 파수꾼의 초막 같을 것이며

27:21 동풍이 그를 들어올리리니 그는 사라질 것이며 그의 처소에서 그를 몰아
내리라

고린도전서 13장 | 하나님 앞에서의 삶인 사랑의 삶

13:1 내가 사람의 방언과 천사의 말을 할지라도 사랑이 없으면 소리 나는 구리와
울리는 꽹과리가 되고

13:2 내가 예언하는 능력이 있어 모든 비밀과 모든 지식을 알고 또 산을 옮길 만한
모든 믿음이 있을지라도 사랑이 없으면 내가 아무 것도 아니요

13:3 내가 내게 있는 모든 것으로 구제하고 또 내 몸을 불사르게 내줄지라도 사랑
이 없으면 내게 아무 유익이 없느니라

13:5 무례히 행하지 아니하며 자기의 유익을 구하지 아니하며 성내지 아니하며 악
한 것을 생각하지 아니하며

13:10 온전한 것이 올 때에는 부분적으로 하던 것이 폐하리라

13:12 우리가 지금은 거울로 보는 것 같이 희미하나 그 때에는 얼굴과 얼굴을 대
하여 볼 것이요 지금은 내가 부분적으로 아나 그 때에는 주께서 나를 아신 것 같이
내가 온전히 알리라

더 깊은 묵상

우리가 이 세상을 살아가면서 가장 두려워해야 할 것은 무엇입니까. 우리가 살아가는 동안 가장 두려워하는 것이 무엇인지가 삶의 우선순위가 무엇이며 삶의 중심이 어디에 있는지를 가르쳐 줍니다.

모세는 바로 왕 앞에 서서 가축들이 죽는 재앙, 악성 종기의 재앙, 우박의 재앙이 있을 것을 담대하게 전합니다. 그러자 여호와의 말씀을 두려워한 일부 바로 왕의 신하들은 들에서 종과 가축을 피신시켜 그 생명을 구합니다. 하나님에 대한 두려움의 그들의 생명을 구한 것입니다.

예수님께서는 마땅히 두려워할 자를 두려워하라고 말씀하십니다. 몸을 죽이고 그 후에는 아무것도 하지 못하는 자들을 두려워하지 말라고 하십니다. 복음을 전하다가 누가 우리를 세상의 권력자 앞에 끌고 가더라도 염려하지 말라고 하십니다. 성령께서 우리에게 할 말을 가르쳐 주실 것이라고 약속하십니다. 우리가 구해야 할 것은 먹고 마시는 것이 아니요, 하나님 나라입니다.

하나님 나라는 어떤 나라입니까? 하나님의 공의와 평화가 강같이 흐르고, 하나님이 사랑이 충만한 나라입니다. 그 나라는 사람의 방언과 천사의 말을 할지라도 사랑이 없으면 울리는 꽹과리 소리와 같은 나라입니다. 믿음, 소망, 사랑 이 셋 중에 그 중에 사랑이 제일인 나라입니다. 위로는 하나님을 온 마음과 정성으로 다하여 사랑하고, 아래로는 내 이웃을 내 몸과 같이 사랑하는 나라입니다. 예언하는 능력이 있고, 산을 옮길만한 믿음이 있어도 사랑이 없으면 아무것도 아닌 나라입니다.

말씀묵상

사람 앞에 섰을 때 어떤 마음으로 서십니까? 몸은 죽이되 영혼을 죽이지 못하는 사람이 아닌, 몸과 영혼을 지옥에 멸하시는 하나님을 두려워해야 합니다. 사람 앞에 섰을 때는 우리가 사명자로서 서는 것입니다.

말씀적용 오늘의 감사

말씀적용

오늘의 감사

믿음으로 감사

소망으로 감사

사랑으로 감사

말씀암송

눅 12:31 다만 너희는 그의 [ ][ ]를 구하라 그리하면 이런 것들을 너희에게 [ ]하시리라

말씀기도

❶ 죽으면 썩어 없어질 이 세상 것보다 영원히 썩지 아니하는 하나님 나라를 더욱 소망하게 하소서.
❷ 사람이 아닌 하나님을 두려워함으로 살아가게 하소서.
❸ 사랑의 사람으로 변화시켜 주셔서 그 사랑이 제 주변으로 흘러넘치게 하여 주소서.

말씀배경 지식

고전 13장은 잘 알려진 사랑 장이다. 바울은 은사 문제로 시끄러운 고린도 교회에 가장 큰 은사 문제를 소개한다. 즉 사랑의 필수성에 대해, 사랑의 본질에 대해, 사랑의 영원성에 대해 미려한 문장으로 소개한다. 은사가 좋은 것은 사실이지만 그것이 사랑의 동기에서 이웃에게 유익을 주는 것이 아니라면 아무것도 아닌것이라고 한다.

58 일차/365

회개와 지혜

2월 27일

출애굽기 10장 | 누가복음 13장 | 욥기 28장 | 고린도전서 14장

말씀 연결 겸비와 회개 (출 10, 눅 13)

출애굽기 10장 | 겸비하지 않은 바로

10:1 여호와께서 모세에게 이르시되 바로에게로 들어가라 내가 그의 마음과 그
의 신하들의 마음을 완강하게 함은 나의 표징을 그들 중에 보이기 위함이며

10:5 메뚜기가 지면을 덮어서 사람이 땅을 볼 수 없을 것이라 메뚜기가 네게 남
은 그것 곧 우박을 면하고 남은 것을 먹으며 너희를 위하여 들에서 자라나는 모
든 나무를 먹을 것이며

10:7 바로의 신하들이 그에게 말하되 어느 때까지 이 사람이 우리의 함정이 되
리이까 그 사람들을 보내어 그들의 하나님 여호와를 섬기게 하소서 왕은 아직도
애굽이 망한 줄을 알지 못하시나이까 하고

10:13 모세가 애굽 땅 위에 그 지팡이를 들매 여호와께서 동풍을 일으켜 온 낮과
온 밤에 불게 하시니 아침이 되매 동풍이 메뚜기를 불어 들인지라

10:19 여호와께서 돌이켜 강렬한 서풍을 불게 하사 메뚜기를 홍해에 몰아넣으
시니 애굽 온 땅에 메뚜기가 하나도 남지 아니하니라

10:23 그 동안은 사람들이 서로 볼 수 없으며 자기 처소에서 일어나는 자가 없으
되 온 이스라엘 자손들이 거주하는 곳에는 빛이 있었더라

10:29 모세가 이르되 당신이 말씀하신 대로 내가 다시는 당신의 얼굴을 보지 아
니하리이다

누가복음 13장 | 회개하는 자에게 주어지는 기회

13:3 너희에게 이르노니 아니라 너희도 만일 회개하지 아니하면 다 이와 같이 망
하리라

13:24 좁은 문으로 들어가기를 힘쓰라 내가 너희에게 이르노니 들어가기를 구하
여도 못하는 자가 많으리라

13:31 곧 그 때에 어떤 바리새인들이 나아와서 이르되 나가서 여기를 떠나소서
헤롯이 당신을 죽이고자 하나이다

오늘의 찬양

찬송가 435장 | 나의 영원하신 기업

맥체인성경365
352p

말씀 연결 지혜 (욥 28, 고전 14)

욥기 28장 | 하나님으로부터의 지혜

28:1 은이 나는 곳이 있고 금을 제련하는 곳이 있으며

28:2 철은 흙에서 캐내고 동은 돌에서 녹여 얻느니라

28:4 그는 사람이 사는 곳에서 멀리 떠나 갱도를 깊이 뚫고 발길이 닿지 않는 곳
사람이 없는 곳에 매달려 흔들리느니라

28:12 그러나 지혜는 어디서 얻으며 명철이 있는 곳은 어디인고

28:28 또 사람에게 말씀하셨도다 보라 주를 경외함이 지혜요 악을 떠남이 명철
이니라

고린도전서 14장 | 지혜로운 은사 사용

14:1 사랑을 추구하며 신령한 것들을 사모하되 특별히 예언을 하려고 하라

14:15 그러면 어떻게 할까 내가 영으로 기도하고 또 마음으로 기도하며 내가 영으
로 찬송하고 또 마음으로 찬송하리라

14:16 그렇지 아니하면 네가 영으로 축복할 때에 알지 못하는 처지에 있는 자가 네
가 무슨 말을 하는지 알지 못하고 네 감사에 어찌 아멘 하리요

14:17 너는 감사를 잘하였으나 그러나 다른 사람은 덕 세움을 받지 못하리라

14:20 형제들아 지혜에는 아이가 되지 말고 악에는 어린 아이가 되라 지혜에는 장
성한 사람이 되라

14:26 그런즉 형제들아 어찌할까 너희가 모일 때에 각각 찬송시도 있으며 가르치
는 말씀도 있으며 계시도 있으며 방언도 있으며 통역함도 있나니 모든 것을 덕을
세우기 위하여 하라

14:33 하나님은 무질서의 하나님이 아니시요 오직 화평의 하나님이시니라 모든
성도가 교회에서 함과 같이

14:34 여자는 교회에서 잠잠하라 그들에게는 말하는 것을 허락함이 없나니 율법
에 이른 것 같이 오직 복종할 것이요

더 깊은 묵상

하나님 앞에 선 사람은 겸손해집니다. 빛이신 하나님 앞에 서는 순간 나의 어두움이 드러나며 저절로 겸손해지는 것입니다.

모세와 아론을 통해 바로는 하나님의 능력을 충분히 경험하였습니다. 그러나 바로의 마음은 여전히 완악하였습니다. 그것은 종으로 부리던 이스라엘 민족의 노예로서의 가치 때문에 바로의 눈과 마음이 어두워졌기 때문입니다. 탐욕에 눈이 멀면 빛이 보이지 않습니다. 눈먼 사람에게는 촛불도 햇빛도 아무 의미가 없습니다.

우리에게도 이런 일은 얼마든지 일어날 수 있습니다. 지금 이 순간에도 당장 우리에게 주어질 눈앞의 이익 때문에 진실을 외면하고 눈감아버리는 일이 얼마나 많습니까? 이런 우리에게 예수님은 말씀하십니다. "너희도 만일 회개하지 아니하면 다 이와 같이 망하리라"(눅 13:5).

하나님 나라는 부와 명예와 권력이 있는 넓은 문으로 가는 길이 아닙니다. 그것은 고난과 희생과 겸손으로 가는 좁은 문입니다. 이런 좁은 문으로 가는 길에 대해 욥은 "보라 주를 경외함이 지혜요 악을 떠남이 명철이니라"(욥 28:29)라고 이야기하고 있습니다. 사도 바울도 "형제들아 지혜에는 아이가 되지 말고 악에는 어린 아이가 되라 지혜에는 장성한 사람이 되라"(고전 14:20)고 말씀하고 있습니다.

세상의 이치에 밝아 많은 이익을 얻는 것이 지혜가 아니라 주를 경외하는 것이 지혜입니다. 비록 그것이 나에게 이익이 된다고 할지라도 악에서 떠나는 것이 명철입니다. 악에는 어린아이가, 지혜에는 장성한 어른이 되는 우리가 되어야 하겠습니다.

말씀묵상

회개를 두려워하지 말아야 합니다. 회개는 하나님의 복을 우리 삶에 나타나게 하는 출발입니다. 우리의 지혜는 회개할 것을 감추는 데 있지 않습니다. 하나님 앞에서 회개를 이루는 데 있습니다.

말씀적용 오늘의 감사

말씀적용

오늘의 감사

믿음으로 감사

소망으로 감사

사랑으로 감사

말씀암송

고전 14:20 형제들아 [ ][ ]에는 아이가 되지 말고 악에는 어린 아이가 되라 [ ][ ]에는 장성한 사람이 되라

말씀기도

❶ 여호와를 경외함이 지혜임을 알고 하나님으로 말미암아 지혜의 복을 누리는 삶이 되게 하소서.
❷ 당장 내 눈 앞에 보이는 이익 앞에 탐욕으로 무너지지 않게 도와주소서.
❸ 고난의 길, 사랑의 길, 희생과 헌신의 좁은 문으로 들어가기를 사모하게 하소서.

말씀배경 지식

출애굽기 10:21의 '흑암'은 손으로 더듬어야 다닐 정도로 짙은 어둠이다. 이 흑암 재앙은 애굽 최고의 신인 태양신과 태양의 아들로 불리는 바로에 대한 심판의 성격을 띠고 있었을 것이다. 또한 흑암 재앙은 마지막 재앙인 장자 죽음의 재앙이 임한 죽음의 밤을 예고하고 있다.

59 일차/365

2월 28일

씨의 구원과 보호

출애굽기 11장, 12장 1-21절 | 누가복음 14장 | 욥기 29장 | 고린도전서 15장

말씀 연결 씨의 구원과 자격 (출 11, 12:1-20, 눅 14)

출애굽기 11장, 12장 1-21절 | **씨의 구원**

11:2 백성에게 말하여 사람들에게 각기 이웃들에게 은금 패물을 구하게 하라 하시더니

11:3 여호와께서 그 백성으로 애굽 사람의 은혜를 받게 하셨고 또 그 사람 모세는 애굽 땅에 있는 바로의 신하와 백성의 눈에 아주 위대하게 보였더라

11:5 애굽 땅에 있는 모든 처음 난 것은 왕위에 앉아 있는 바로의 장자로부터 맷돌 뒤에 있는 몸종의 장자와 모든 가축의 처음 난 것까지 죽으리니

12:6 이 달 열나흗날까지 간직하였다가 해 질 때에 이스라엘 회중이 그 양을 잡고

12:17 너희는 무교절을 지키라 이 날에 내가 너희 군대를 애굽 땅에서 인도하여 내었음이니라 그러므로 너희가 영원한 규례로 삼아 대대로 이 날을 지킬지니라

12:19 이레 동안은 누룩이 너희 집에서 발견되지 아니하도록 하라 무릇 유교물을 먹는 자는 타국인이든지 본국에서 난 자든지를 막론하고 이스라엘 회중에서 끊어지리니

누가복음 14장 | **씨의 자격**

14:2 주의 앞에 수종병 든 한 사람이 있는지라

14:8 네가 누구에게나 혼인 잔치에 청함을 받았을 때에 높은 자리에 앉지 말라 그렇지 않으면 너보다 더 높은 사람이 청함을 받은 경우에

14:12 또 자기를 청한 자에게 이르시되 네가 점심이나 저녁이나 베풀거든 벗이나 형제나 친척이나 부한 이웃을 청하지 말라 두렵건대 그 사람들이 너를 도로 청하여 네게 갚음이 될까 하노라

14:17 잔치할 시각에 그 청하였던 자들에게 종을 보내어 이르되 오소서 모든 것이 준비되었나이다 하매

14:19 또 한 사람은 이르되 나는 소 다섯 겨리를 샀으매 시험하러 가니 청컨대 나를 양해하도록 하라 하고

14:23 주인이 종에게 이르되 길과 산울타리 가로 나가서 사람을 강권하여 데려다가 내 집을 채우라

오늘의 찬양
찬송가 263장 | 이 세상 험하고

맥체인성경365
359p

말씀 연결 보호와 구원 (욥 29, 고전 15)

욥기 29장 | 씨의 보호

29:3 그 때에는 그의 등불이 내 머리에 비치었고 내가 그의 빛을 힘입어 암흑에
서도 걸어다녔느니라

29:7 그 때에는 내가 나가서 성문에 이르기도 하며 내 자리를 거리에 마련하기
도 하였느니라

29:9 유지들은 말을 삼가고 손으로 입을 가리며

고린도전서 15장 | 씨의 구원을 위한 부활

15:15 또 우리가 하나님의 거짓 증인으로 발견되리니 우리가 하나님이 그리스도
를 다시 살리셨다고 증언하였음이라 만일 죽은 자가 다시 살아나는 일이 없으면 하
나님이 그리스도를 다시 살리지 아니하셨으리라

15:20 그러나 이제 그리스도께서 죽은 자 가운데서 다시 살아나사 잠자는 자들의
첫 열매가 되셨도다

15:23 그러나 각각 자기 차례대로 되리니 먼저는 첫 열매인 그리스도요 다음에는
그가 강림하실 때에 그리스도에게 속한 자요

15:24 그 후에는 마지막이니 그가 모든 통치와 모든 권세와 능력을 멸하시고 나라
를 아버지 하나님께 바칠 때라

15:28 만물을 그에게 복종하게 하실 때에는 아들 자신도 그 때에 만물을 자기에게
복종하게 하신 이에게 복종하게 되리니 이는 하나님이 만유의 주로서 만유 안에 계
시려 하심이라

15:37 또 네가 뿌리는 것은 장래의 형체를 뿌리는 것이 아니요 다만 밀이나 다른
것의 알맹이 뿐이로되

15:39 육체는 다 같은 육체가 아니니 하나는 사람의 육체요 하나는 짐승의 육체요
하나는 새의 육체요 하나는 물고기의 육체라

15:45 기록된 바 첫 사람 아담은 생령이 되었다 함과 같이 마지막 아담은 살려 주
는 영이 되었나니

15:51 보라 내가 너희에게 비밀을 말하노니 우리가 다 잠 잘 것이 아니요 마지막
나팔에 순식간에 홀연히 다 변화되리니

더 깊은 묵상

왜 사람의 첫 아들과 가축들의 처음 난 것을 하나님은 심판하셨을까요? 첫 아들의 죽음은 첫 사람이었던 아담의 원죄를 상징하는 것으로 해석되어야 합니다. 이스라엘 백성들을 구원하기 위해서 흠 없는 일년 된 수컷 어린 양(또는 염소)을 속죄양으로 드리는 것도 의미심장합니다. 이스라엘 백성을 죽음에서 구하는 흠 없는 어린 양은 먼 훗날 우리를 위해 십자가에서 하나님의 어린 양으로 대신 죽으신 예수 그리스도의 예표라 할 수 있습니다. 첫 사람 아담의 원죄를 유월절 어린 양의 피로 일시적으로 구원하신 하나님이 하나님의 외아들 예수 그리스도의 피로 우리 모두를 영원히 구원하려 하신 것입니다.

누가복음에서는 하나님의 이 구원 잔치에 "잔치를 베풀거든 차라리 가난한 자들과 몸 불편한 자들과 저는 자들과 맹인들을 청하라"(눅 14:13), "빨리 시내의 거리와 골목으로 나가서 가난한 자들과 몸 불편한 자들과 맹인들과 저는 자들을 데려오라"(눅 14:21)고 하십니다. 하나님의 구원 잔치에 원래 초청받은 사람들이 먹고 마시는 세상일에 빠져서 잔치에 오지 않으니 하나님은 가난한 자, 몸 불편한 자, 맹인과 저는 자 등 누구나 잔치에 참여할 수 있도록 부르고 계신 것입니다.

하나님의 구원 잔치에 부르시는 하나님의 복음은 "그리스도께서 죽은 자 가운데서 다시 살아나사 잠자는 자들의 첫 열매가 되신"(고전 15:20) 복음이요, 아담 안에서 모든 사람이 죽은 것 같이 그리스도 안에서 모든 사람이 삶을 얻으리라는 복음입니다. 그야말로 복음(福音), 기쁜 소식이 아닐 수 없습니다.

말씀묵상

하나님의 집은 은과 금이 아닌 구원받은 백성들, 그리고 기도하는 소리로 채워져야 합니다. 예수님의 제자로서 십자가를 지는 삶은 구원받을 백성들을 찾아 나서서 그들에게 복음을 전하는 것입니다.

말씀적용 오늘의 감사

말씀적용

오늘의 감사

믿음으로 감사

소망으로 감사

사랑으로 감사

말씀배경 지식

봄비는 팔레스타인에서 곡물의 결실기인 3-4월경에 내리는 '늦은 비'로 하나님의 축복을 상징한다. 파종기인 10-11월에 내리는 비는 '이른 비'로서 이 역시 하나님의 크신 은혜를 상징한다.

말씀암송

고전 15:20 그러나 이제 그리스도께서 죽은 자 가운데서 다시 살아나사 잠자는 자들의 □ □□가 되셨도다

말씀기도

❶ 예수 그리스도의 복음을 전하는 메신저로 사용하여 주소서.
❷ 제가 져야 할 십자가가 무엇인지 가르쳐 주시고, 그 십자가를 기꺼이 질 수 있는 용기도 함께 주소서.
❸ 제자로서의 삶을 통해 주님을 따라 믿는 성도로서 존귀한 삶을 살게 하소서.

심령이 가난한 자는

여명현

맥체인성경 정독에 참고할 자료

● 도서

1. 『영감 넘치는 맥체인 성경읽기』 (로고스성경사역원)
2. 『영감 넘치는 맥체인 성경읽기 워크북(훈련교재)』 (로고스성경사역원)
3. 『맥체인성경읽기방법 성경 이렇게 읽읍시다』(부흥과 개혁사)
4. 『로버트 맥체인 회고록』(부흥과개혁사)
5. 『로버트 맥체인과 떠나는 여행』(부흥과 개혁사)
6. 『로버트 맥체인』(지평서원)
7. 『로버트 머리 맥체인: 하나님의 사람들』(양무리서원)
8. 『거룩을 갈망한 작은 예수 로버트 맥체인』(넥서스크로스)
9. 『로버트 M, 맥체인의 생애』(CLC)
10. 로버트 맥체인 설교집 『마태복음』,『마가복음』,『로마서』(그책의 사람들)
11. 『맥체인성경365 통독묵상 가이드』 (선교횃불)
12. 『맥체인 통독 맥잡기1, 2, 3, 4, 5, 6』 (선교횃불)
13. 맥체인정독 길라잡이(선교횃불)
14. 맥체인큐티(선교횃불)
15. 맥체인성경 365(선교횃불)
16. 맥체인성경 2면4책(선교횃불) 근간예정
17. 『맥체인 성경 읽기 해설 1, 2, 3, 4』 (세움북스)

● SNS 참조

페이스북 : https://www.facebook.com/profile.php?id=100006657647442
네이버 블로그 : https://blog.naver.com/missiontorch
네이버 까페 : https://cafe.naver.com/jesuslovezone
다음 까페 : http://cafe.daum.net/missiontorch
유튜브 : 맥체인성경세미나

● 맥체인성경 통독 웹사이트

드라마 바이블 : https://dramabible.org
갓피플 성경통독 어플 http://www.godpeople.com/?GO=mobile_detail&appid=93
성경타자통독 : https://bible.ctm.kr/

● 오디오 성경

Hi-Fi 로고스 맥체인 전자성경

MQ

맥체인큐티(12-02)

발 행 인 김수곤
편집위원 김홍양 임건혁 정현기 김종인
디 자 인 디자인이츠
발행한곳 선교횃불
등록주소 송파구 백제고분로 27길 12(삼전동)
전　　화 (02) 2203-2739
팩　　스 (02) 2203-2738
이 메 일 ccm2you@gmail.com
홈페이지 www.ccm2u.com
발 행 일 2021년 2월 1일